本郷孔洋の
経営ノート
2015

～3年で勝負が決まる!～

東峰書房

はじめに

——IF NOT

いつも思うんですが、IF NOT（もししなかったら）、今どうなっているんだろうか？　経営的に考えると、いつもぞっとします。昔の一〇年が今の一年ですものね。

弊社を振り返ってみても、合併しなかったら？　地方展開しなかったら？　海外に出なかったら？　こう考えますと、いつもぞっとします。

これから合併をやる、これから地方展開、M＆Aをやる、これから海外進出をする、自分の年もあるのですが、今から一からやれるか？　正直自信がありません。

昨年（二〇一四年）ヤンゴン（ミャンマー）に出先を出しましたが、これだって、プノンペン（カンボジア）の経験が役に立っていますものね。

ですから、これらの情報やきっかけを与えてくれた方々に、足を向けて寝られません。

――成長、スピード、変化

「何で成長が必要ですか?」、若い人からの質問に「うっ」と詰まったことがあります。

でも最近は、「成長は七難を隠すんだ」とまず答えます。

最近の若い人は、その言葉を理解しませんから、「(成長すると)ブオトコでもイケメンに見えるんだ」と答えます。

ともあれ、私はこれからのビジネスは「成長、スピード、変化」が、キーワードになるような気がします。

――低成長だからこそ成長戦略が不可欠

今の市場はパイが一定の**「マージャン型マーケット」**です。しかも毎年そのパイは、持ち点が減っていきます。

振り込むのと積もるのでは持ち点が一定ですから、倍の差が開きます。そこが、高度成長期と違うところです。

ですから、成長は他社のパイを食うことになります。しかも早くやらなければ逆に食われてしまいます。

今やる、すぐやる、早くやる

これは、ナックの西山由之名誉会長の方針ですが、本当に今の時代、タイミングを失すると次のチャンスがあるかどうかわかりません。

ビジネス環境の変化が著しいし、なにより明日がわからない時代です。

昔、「Good Companyたれ」なんて能書きを言っていたこともありますが、成長がないとGoodで居続けられませんからね。

時間は「タイミング」と「価値」

私は最近まで、「時間の使い方、過ごし方」がとても重要だと思っていました。これは言わば、「時間をいかに効率的に使ったか?」で、時間の効率性の側面です。

でも、もっと重要なのは、後で振り返ると、「過ごした時間に『価値』があったかどうか?」。オーバーに言いますと、「自分の人生が、劇的に変わる」時間をもたないと、人生つまんないと思うんですね。

時間の価値は、タイミングと裏腹です。タイミングを失したら何の意味もありません。

機会損失(Chance Loss)という言葉がありますが、そうならない為には、**「スピードのある実**

行力」が不可欠です。

――七変化の時代

七変化という言葉があります。変化舞踊の形式のひとつで、七種の小品舞踊を組み合わせ、一人の俳優が連続して早変わりで踊り分けるものだそうです。これからは、こんなスピードで変化しないと企業は持たないんではないかと、思ってしまいます。

私は今まで、三年マイナーチェンジ、一〇年フルモデルチェンジと言ってきました。でもそれでは、遅いんではと最近は思うんですね。

極端に言いますと、一年ごとマイナーチェンジをやり続けなければ、ビジネス環境の変化に対応できないし、内部改革、改善も同時にやらないと組織自体が古くなってしまうのではないか、つくづくそう思います。

ですから企業は、変化対応も大切ですが、企業そのものの変化ももっと重要だと思うんですね。

セブン‐イレブンでは、どんな売れ筋でも売れた途端次の商品を開発しているといいますから、たいしたものです。変化のサイクルは、月単位です。

その伝でいきますと、**「変化の高速回転」**の時代に入ったのではないか？　もう、こんな時代になったのではないか？

我が身を振り返ってみても、ものすごい危機感があります。

変化のスピードが鈍ったら死んでしまう？

経営用語で言いますと、**「ＰＤＣＡ」の高速回転**の時代突入かな？

――意思決定は、単に「出発点」にすぎない！

では、スピードを上げるためにどうするか？

経営者は、自分の意思決定の早さに満足してはいけない。

事業の決め手は、トップの「意思決定力」だといわれています。「あの社長は、意思決定が早い」と言うと、確かに良い会社の様に思います。でもそれは、単に事業成功の必要条件の一つでしかないのです。

「社長は、意思決定が早いですね」なんて褒められて、ほくほくになっていてはいけません。

経営にとっての意思決定は、単に「出発点」にすぎないのです。（「経営意思決定の原点」清水勝彦著、日経ＢＰ社）

考えてみますと経営の意思決定は、「将来」のことを単に「やる前」に決めることです。意思決定はゴールではありません。あくまで、不確実な未来に向けての出発点なんですね。その企業は、戦略が良くても実行力がなければ、絵に描いた餅にしかすぎません。

実行があってナンボなんです。それもスピードある実行力、言うは易しなんですが（笑）。

——なぜ、ピボットか？

「経営ノート二〇一四」でも書きましたが、オリックスは「隣地を攻めて行ったら、大きくなった」という有名な話があります。オリックスの歩みを見ますと、「隣の芝生はホントに青かった」になります。隣接異業種は、割と業種の親和性がありますものね。

ところで、バスケットボールのプレイ技術にピボット（pivot）という言葉があります。軸足を中心として回転する技術で、パスする相手を探します。

それをもじったのが、ピボット経営です。つまり「片足を出す経営」です。**片足ずつ出しながら、隣地拡大して行く、隣接異業種に進出していく経営を「ピボット経営」**と勝手に言っています。

両足を出さない、片足だけを出す、これが成功のコツなんでしょうか。

「未来を見て、今日を戦う」のが、経営とすれば、一番現実的な戦い方になるのかな。地方、地域で成功している会社は、そんな風にして大きくなったケースが多い。「なんで大きくなりましたか?」こんな質問の答えが、「『こんなの出来ない?』とお客さんに言われてやってきたら自然と大きくなった」。

お客さんも業種に関連する質問ですから、自然と隣地を攻めることになるんですね。

――早いもので

「経営ノート二〇一五」を書く運びとなりました。これで、経営ノートは五冊目です。今年は、成長、スピード、変化を軸として、「ピボット経営」というキーワードに注目しました。(図1)

低成長だからこそ、成長しなければならない、そして、スピード、変化が不可欠。その為には、バスケットボールで使う「ピボット」技術が必要です。

両足を出さず、片足だけ出し、パスの相手を探す。まずいと思ったら、パスする相手を変える。しかも、瞬時に、判断する!

理想的な話をして恐縮です。でも、そう思って六割でも実行できれば御の字です。

しかも、三年が勝負です！

いつものことですが、東峰書房の皆さん、特に根本寛之編集長、弊社の田尻重暁さん、笹沼奈青さんには、大きなお手伝いを貰いました。

ありがとうございました。

二〇一五年一月　著者

図1 過去のレビュー

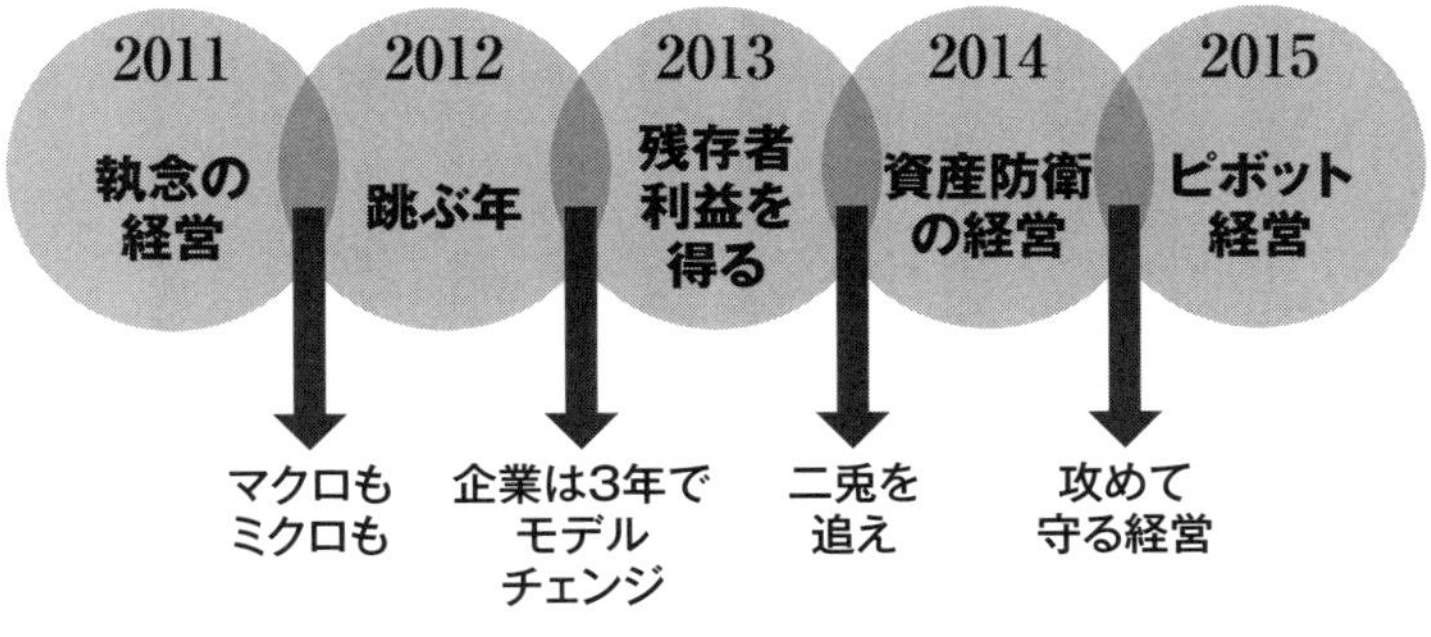

※資産防衛と題しながら（2014年）、急速な円安を予測できませんでした。守るだけでは、ダメなんですね。資産を作る、増やす経営に踏みこまないと…。と、個人的には今年考えました。

［経営ノート 2015］目次

第一章

経営環境の変化

一・潮目が大きく変わった！

戦略の変更が必至

――未来を作る

「未来は予測するものではない、未来は作るものだ」という有名な言葉があります。

アベノミクスの評価は賛否両論ありますが、ビジネス的に言えば、どうも、「未来を作った」ような気がします。何が変わったのか？

すごく単純化して言います。

①デフレからインフレへ
②人手不足の深刻化
③P／L からB／Sの時代→贈与の経済の加速化
④真のグローカル時代の到来
⑤一夜城の時代

そして、

⑥ラストチャンスを逃すな！

これらを個別に述べて行きます。

二・財務・金融の感覚

インフレとデフレ
——混在の時代

消費税増税後の企業の対応は極端です。値上げする企業、逆に値下げする企業もあります。体力勝負できる大企業はそれでも良いのでしょうが、中小はそうはいきません。

従来のデフレ戦略で、価格勝負依存の経営は限界があります。個人的には、単純にインフレが来るとは思えません。

モノによってはデフレ、モノによってはインフレ、つまりデフレとインフレが混在、加速する時代だと思っております。

消費税増税がその潮目、ターニングポイントではないか？　と勝手に考えています。でも、企業間格差が極端に出る時代の終わりの始まりです。

経営は経営力次第？

――低金利

経済学では、インフレは高金利を招くのですが、今の日本は投資する機会があまりありませんから、金利は当分上がりませんよね。

しかも、悪いことにお札量が増えて実需が出ないとなれば、インフレになるのは不動産、株、そして、予約の取れないレストラン（笑）ぐらいかな？

数値は個別に見なければなりません。

それも、今に始まったことではありません。

ですから企業の理想型は、**売上はインフレ、仕入はデフレ**です。

例えば、私の友人にプラネットの創業者の玉生弘昌会長がいます。

プラネット社は、ＥＤＩ（Electronic Data Interchangeの略、電子データ交換）のシステムで、メーカーと雑貨卸をつないで発展、上場した会社です。

売上はコトで、仕入はモノ（ＩＴの設備投資）です。売上はインフレヘッジできますし、仕入はＩＴ投資ですから、年々下がっていきます。

極端に言います。

仕入はモノ、売上はコト（サービス）これがアベノミクスの勝ちパターンです。何回も書い

ていますが、消費者物価指数（CPI）を分析しますと、物はデフレですが、サービスはデフレになっていません。（図2）

——売上デフレ、仕入インフレの罠

一番悪いパターンは、売上がデフレ、仕入はインフレです。

不動産は、インフレと言いましたが、少子高齢化の日本では、むしろ上がる不動産の方が少ないです。

図3を見てください。相続税の基準となる路線価の推移です。上がっているのは大都市圏だけです。株だって全部上がるわけではありません。

図2 消費者物価指数の変化

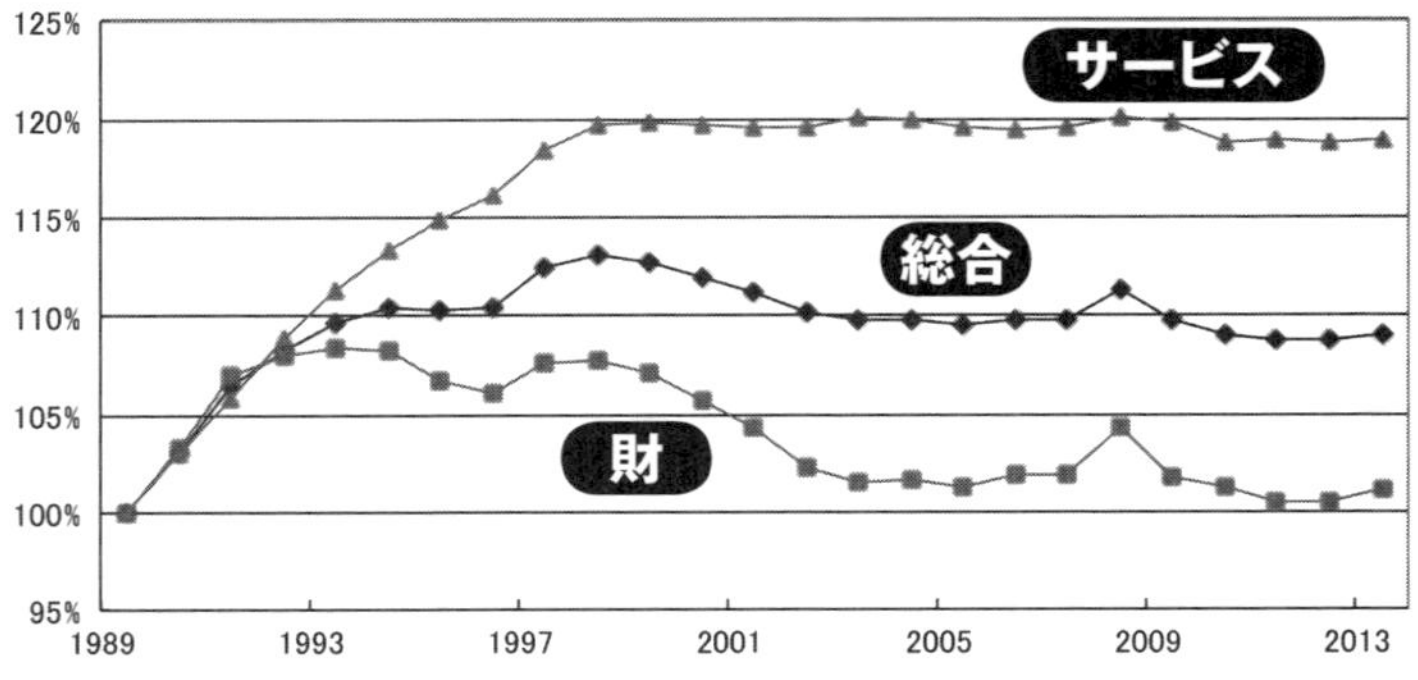

※「%」は1989年平均値を100として各年を比較して算出。
出典：総務省ホームページ

——利益で勝って、資産で負ける？

アベノミクスは、資産防衛の時代でもあります。基本的にインフレ基調ですから、じっとしていると財産が目減りします。

資産は、毎年時価評価する習慣をつける。B／Sも毎年洗い替えして、時価評価する。デフレは「無借金経営」が良い経営でした。でもこれからは、どうでしょうか？　低金利が続くとしますと、借金は必ずしも悪ではありません。

積極派の社長には、むしろ**「よだれが出る時代の到来」**かも知れませんね。

図3　都道府県庁所在都市　最高路線価の推移

（千円）

都市名	平成17年	平成26年	対17年増減率
札幌	1,680	2,660	158.3%
青森	295	160	54.2%
秋田	280	135	48.2%
東京	15,120	23,600	156.1%
横浜	3,470	6,660	191.9%
名古屋	3,640	6,600	181.3%
京都	1,730	2,640	152.6%
大阪	4,160	7,560	181.7%
鳥取	270	120	44.4%
松江	285	135	47.4%
徳島	580	310	53.4%
高知	420	210	50.0%
福岡	3,430	4,750	138.5%
宮崎	400	240	60.0%

平成17年と平成26年の路線価を比較すると都市部では150%～200%増になっているのに対し、都市部以外では50%程度まで減少している都市もある。
出典：国税庁ホームページ

コラム

――アメリカの現状

人工インフレとは実態を伴わないインフレです。一番影響があるのはゼロ金利の預金です。

アメリカのＧＤＰは日本と比べ、三対一の比率になりました。しかしアメリカに住む知人に生活は楽じゃないと聞きます。これはマネー供給量、インフレとデフレの差で、アメリカではここ一〇年で物価がおよそ二倍になっているからなんですね。特にモノよりサービスのほうが物価増加率が高いようです。アメリカの所得格差も深刻で、所得階層トップは実質所得が上がり、所得階層の最下は実質所得が減るというさらなる格差の広がりが問題になっています。（「週刊エコノミスト」二〇一四年九月一六日号）

――インフレで借金返済

一九七〇年代イギリスは借金がＧＤＰの二倍以上ありましたが、年率一〇％を超えるインフレにして借金を返済したという歴史があります。日本も経常赤字で破産するというより、インフレを起こして財務を健全化するべきだと思っています。先進国の経済を回復させるにはお金をばら撒く、これに尽きる。日本ではバブル以前九％あった貨幣成長率、つまりマネー供給量がここ二〇年二％前後に推移しています。

これからの経営者に求められるのは商売の感覚だけではなく、財務・金融の感覚を身につけることが重要です。(「週刊エコノミスト」二〇一四年九月一六日号)

三．人手不足

人手不足時代

――しかも永久に、改善もしない

人手不足時代が到来しました。日本はますます高齢化しますし、当然若者等、働き手が年々不足します。好不況にかかわらずそうなります。

日本は、永久に人手不足が続きます。

これから、人が採れるかどうかは、経営に大きな影響がでます。しかも、「ブラック企業問題」もあります。

これも、対策が必要です。

――中小ほど深刻

少子高齢化のツケが回りましたね。二〇一四年は、どうやら、就労人口（人手不足）のターニングポイントの年だったような気がします。少子高齢化と言われて久しいのですが、そろそろ、就労人口面で影響がでてきたようです。

小売り、飲食、そしてあらゆるサービス業は、人手不足に直面しています。大手は体力がありますから対応が可能ですが、深刻なのは中小です。まず周知の様に、人手不足は、飲食から顕在化しました。

しかし私の知っている限り、あらゆるサービス業が人を採りにくくなりました。私の知人の会社は、どうせ採れないからと、「リクルートそのものをあきらめた」といいます。中小ではリクルートできなければ、後で影響がでます。仮に何年も人が採れなければ、競争力が無くなりますものね。

――地方はもっと深刻

地方もそれに輪をかけて、採りにくい。弊社も地方の支部がありますが、地方に行くほど、採用が難しい。なかなか採れないんですね。採用が困難で、派遣に切り替えた支部もあります。労働力不足は移民しかないんですが、それを待っていてもねー。

ブラック企業

――ブラックジョーク？

社長「当社がブラック企業だというわさが流れている、対策はないか？」

役員「従業員の福利厚生を充実し、臨時の賞与を出してはいかがですか？」

社長「成る程良い提案だ、でもそれを実行すると、コストアップになるな。では、今年の役員賞与をやめよう」

役員「そんな！　それじゃ、ブラック企業だ！」

――閑話休題

2ちゃんねる等、メディアやネットでブラック企業と叩かれますと、今度は経営の根幹を揺るがしかねません。

私の世代では、考えられない時代の到来です。私を含め多くの社長は、働くことが当然と思っていたはずです。一〇人の社長さんにこの話をしますと、ほとんどの社長さんは、顔をしかめます。今の風潮と世相に、怒りをあらわにする人さえおります。

弊社も二〇一三年は、2ちゃんねるに書かれまして、エラク大変な目にあいました。正直私は2ちゃんねるを見ませんので、気がつきませんでしたが、ある支部の責任者からの一報で気がつきました。

発端はこんなことでした。

「お父さんの会社は、ブラック企業なの？」

支部のスタッフが奥さんから言われて、支部の責任者に相談し、それが私のところに上がってきました。

私自身は従業員から搾取しているつもりもありませんし、正直心外でした。

それと前後してリクルート担当責任者から、これではリクルートが無理ですとの報告が上がり、プリントしてくれました。私の悪口も大分書いてあり、「独裁者、本郷」と書かれていました。俺が独裁者かよー(笑)。

すぐ対策を取らないといけない。ではどうしたか？　二つ対策を指示しました。

まず、書き込みの消し込みを専門業者に依頼しました。でもイタチごっこで、「消したな」という、書き込みがあるのです(笑)。

同時に、原因の分析をさせました。どうやらサービス残業が多いのが、一番の原因だったようです。もちろん、一応残業手当はあります。でも、執行がうまく行っていなかったんですね。

これを改善するよう指示を出しました。従前は上司の許可のあるものだけに、残業手当を支払っていたのですが、それだと上司が申請しなければ残業手当がつきません。上司は当然ですが、あまりハンコは押しませんよね。そこでタイムカードで、無条件に支払うようにしました。

コストが大幅に増えましたが、マアいいやと思って実行しました。その後どうやら、書き込みはゼロではないのですが、今のところ収まったようです。

――私の教訓

情報の上がりが遅かった。これは私の反省です。

逆に考えますとネットの発達は、その気になればすぐ会社の状況が把握できます。

2ちゃんねるを見ると、正直あまり愉快ではないのですが、トップは逃げないことかな?

それと原因をきちんと分析して、対策を講じることですかね。

明らかにへんな書き込みもありますから、それに対しては、毅然とすることですかね。

決して負けてもいけません。

人材採用は企業の競争力
――リクルートは社長マターの時代

リクルート創業者の故江副浩正氏は、若い時から必ず面接には立ち会ったという話を聞いたことがあります。

人材紹介を生業とした企業ですから、紹介する前に自社で一番良い人材を採ったのが、飛躍の原因だと悪口をいう人も昔いましたね（笑）。

「人材を人財に」なんて能書きを言っても採用できなきゃ、への突っ張りにもなりません。あれこれ自分の時代と比較して、嘆いても現実的ではありません。その風潮や傾向に憤慨しても解決しません。対応策は、社長（トップ）が、その現実を受け止め、正面から向き合うことです。

そしてリクルートは、社長のトップマターです。経営の最優先課題になりましたね。

私見ですが経営の仕組み、働き方の仕組みを変えないと、小手先の手当てでは解決しないですね。少なくとも、年功序列のシステムは息の根を止められた様な気がするんですが…。

「人材」は、「人財、人在、人罪」なんて軽口が叩けない時代かな？（笑）

従業員の高齢化

冗談でなく鳶職が高齢化で、飛べない鳶職ばかりという記事が出ていました。(「日経ビジネス」二〇一四年六月九日号)

昔は「鳶とナントカは四〇まで」と言われていて、四〇歳で引退でした。

でも今では、四〇歳は若い鳶です。

かように人手不足だけでなく、従業員の高齢化も深刻です。人口ピラミッドも逆三角形ですが、企業の従業員構成も逆ピラミッドで、高齢化が進んでいます。

ある大手では課長が一番多いというんですから、この従業員構成を見ただけでもこの会社の将来性を懸念しますよね。

人手不足は相対的に考える

マクロ的には、その傾向が続きますが企業個別に考えますと、大きなばらつきがあります。

この現状を嘆いてもしょうがありません。**人手不足は、あくまで、相対的なものと考えた方が解決は早いです。日本人が全滅したわけではありません。**

人手不足もマージャン型です。ですから求人がうまくいく企業と、さっぱりの企業では将来、倍の差になります。

自社の採用をどうすればいいのか？　サービス化社会、企業の競争力は人材力です。キャッシュより、私は重要だと思っています。

私は利益を削ってでも、人材投資が必要だと思っています。

削る程の利益は出ていませんが（笑）。

コラム

──日本の人口が減り続けると

日本の人口が減り続けるとどうなるか。繰り返しますが経営者は、これを考えて経営をしなくてはなりません。

人口減少の原因ですが、東京大学大学院客員教授で元岩手県知事の増田寛也氏は著書『地方消滅　東京一極集中が招く人工急減』（中央公論新社）の中で出生率の低い東京への一極集中が人口減少に拍車をかけている、と記しています。同書のデータでは二〇四〇年に池袋・巣鴨を擁する東京都豊島区も消滅しかねないとあったのが、ニュースにもなりました。

ビジネスにおいては今後、すき家のように人員不足で店舗を維持できなくなる外食チェーンが続出するでしょう。また、集荷配達にどうしても人員が必要な運送業も人口減少の影響を受けそうです。運送業が機能しなくなったら、今日注文して明日自宅に届くというネット通販が成り立たなくなってしまいます。

――人口が減ると増えるもの

人口が減る一方、増えるものは空き家です。日本全体の空き家率は一三・五％に達し、いずれは四〇％になるという予測があります。（「日刊ゲンダイ」二〇一四年八月二三日）

ここに商機を見出した企業も現れ始めました。綜合警備保障（ALSOK）では郵便受け整理、通水、換気などを代行する空き家の見回りサービスを始めました。

対策としては、女性の仕事と子育ての両立がカギになります。これは自治体単位では難しいでしょうから、ある程度の経済圏で考える必要があるでしょう。

四．P／LからB／Sの時代

贈与の経済の加速化

――あなた作る人、私食べる人

「あなた作る人、私食べる人」こんなコマーシャルがかってありました。**作る人より、食べる人がメリットを享受する時代。**言い換えますと、稼ぐから貰う時代になったのかなー？

私は勝手に二〇世紀が**「稼ぐ経済」**、二一世紀は、**「貰う経済」**だと思っています。「貰う」を辞書で引きますと、「金を貰う」「賞を貰う」「元気を貰う」「勇気を貰う」。そう言えば、最近では、「勇気をあげる」とは、あまり言いませんものね。

――「貰う」というキーワード

例えば、金融、投資、相続、そして観光客の誘致。金融も投資も、稼いだ人からのリターンです。

観光も海外へ行くより来てくれる、外国人観光客を誘致すれば、これも巨大なマーケットになります。

二〇世紀は、海外旅行でお金を外国で使いました。

二一世紀は、外国人観光客に来てもらって散財？　してもらう。

海外からの観光客が、年間一三〇〇万人を超えたといいます。（図４）

今までは、日本人が海外に出て行った。でもこれからは、来てもらう、要するに貰う経済にシフトです（外へ行ってガンガン使うのは、稼いでいる時ですものね）。

バブルの頃はニューヨークの5番街を、日本人が闊歩して買い物し、ひんしゅくをかっ

図４　訪日外国人旅行者数と旅行消費額の推移

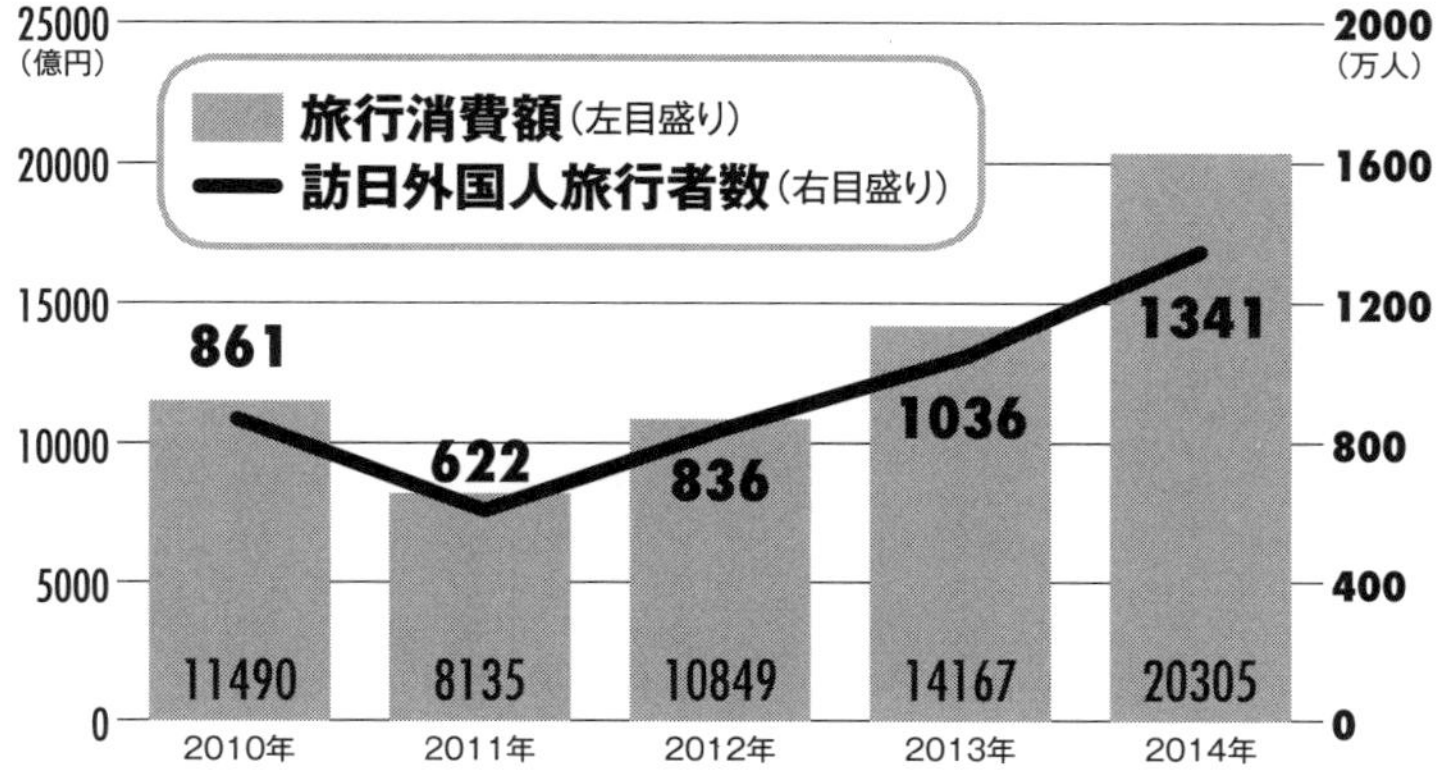

出典：観光庁資料

ていました。でも今は中国です。**昔日本、今中国**（笑）。

奇しくも、二〇二〇年の東京オリンピックは、外国人観光客誘致の絶好のチャンスでもあります。

――相続ビジネス

相続は、日本では今年から相続税が増税になりますが、個人資産一六〇〇兆円の大半が、シニアに集中していますので（図5）、これを我が社へと相続ビジネスが猖獗《しょうけつ》を極めています。

これだって、貰う経済です。

図5 世帯主の年齢階級別金融資産の保有割合

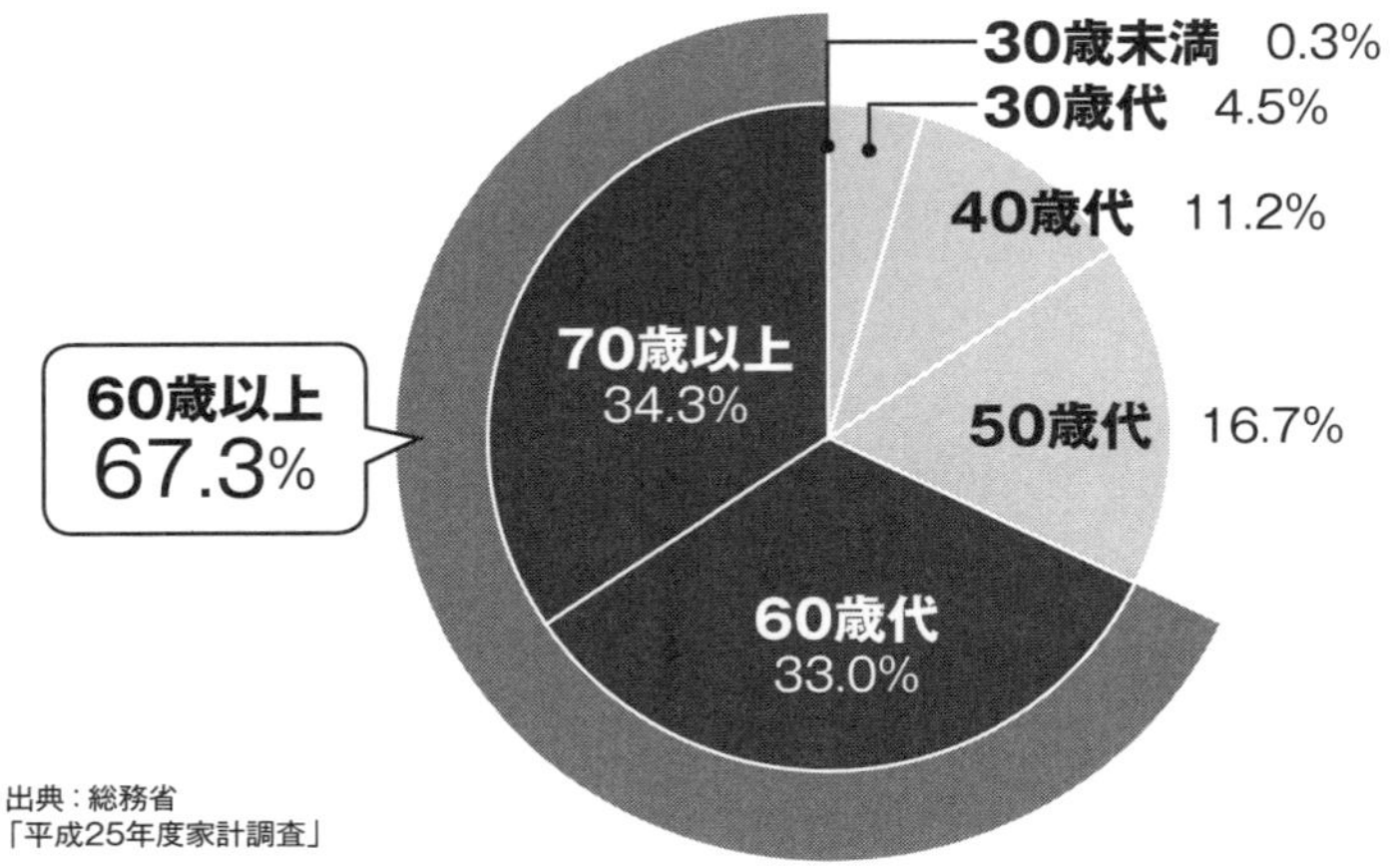

出典：総務省
「平成25年度家計調査」

――究極の貰うは、インターネット

知識はホント、タダになりました。知識では、付加価値がつきません。ネットで検索しますと、一発です。ですから、GoogleやYahoo! で検索できないのが付加価値です。

言い換えますと、知恵なんでしょうか？

かように、何といっても一番タダで貰えるのは、インターネットです。ほぼフリーで世界中から、瞬時に知りたい情報が手に入ります。

「昔はタダより高いものはない」と言いましたが、これも死語かな？（笑）

今、タダは付加価値？

――B／Sの時代

貰う経済は、B／S（バランスシート）の時代でもあります。単純に言いますと、稼ぐは、P／L（損益計算書）に反映します。貰うはストック、バランスシートに反映します。

例えば投資の利益でも、ちゃんと資産は膨らみます。逆に考えますと、投資損失は富を分け与える側になります。貰う経済、贈与の経済は、ゼロサムゲームです。全体的に富が増えるわけではありません。

インフレでのB／Sの目減り、あるいは、円安での国際的に見れば、これもB／Sの目減りになります。（図6）

図6 B/Sの目減り

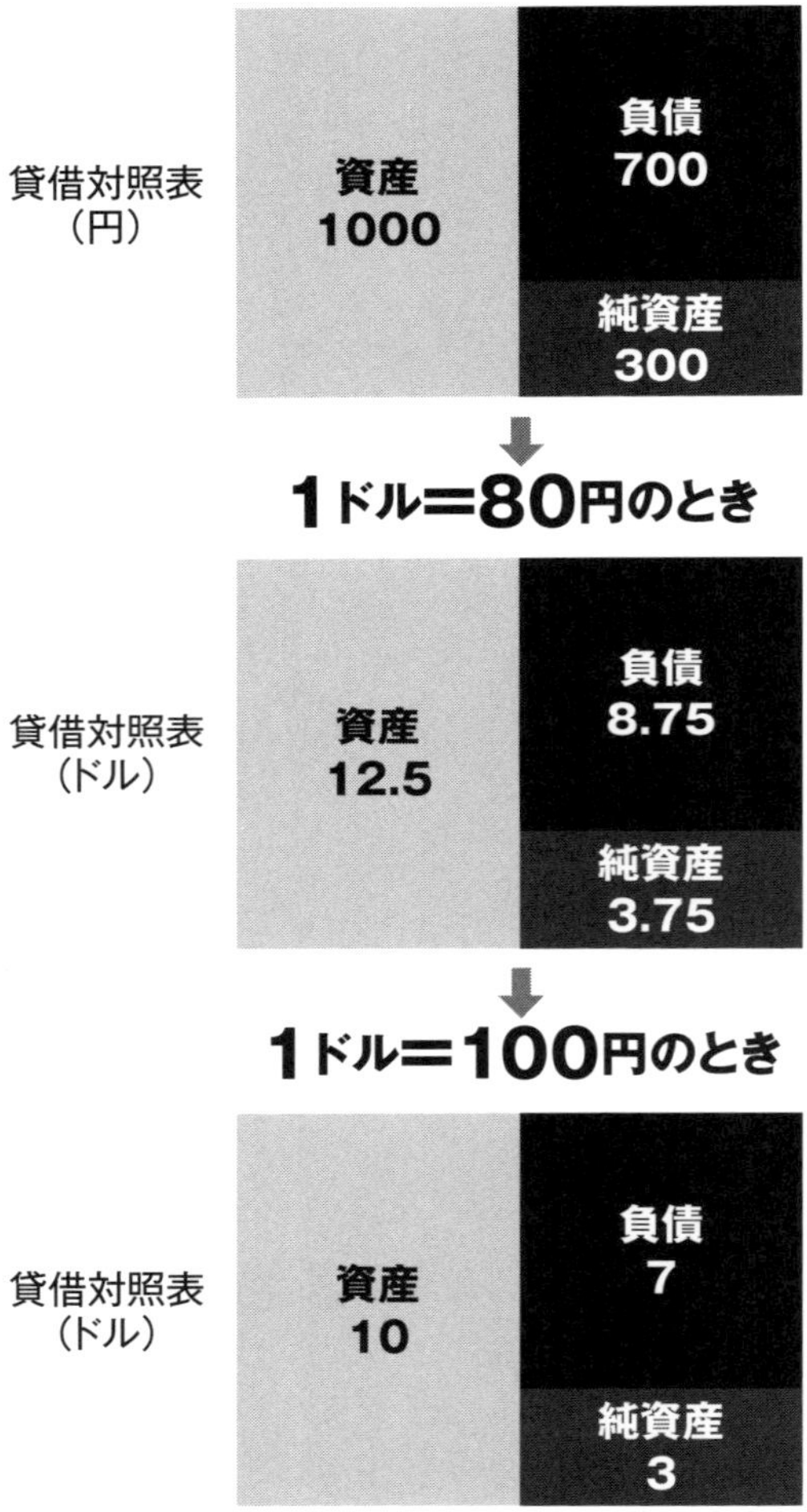

※同じB／Sの価値でも、1ドルが80円から120円へ円安にふれると評価が目減りしてしまう

ＩＦＲＳ（国際会計基準）では、毎年Ｂ／Ｓを時価で評価します。

経営者は、ホントに、稼ぐ力だけでなく、財務力、金融の知識が不可欠な時代だと私は思うんですね。

そこで、贈与の経済のおやじギャグ

「このビジネスは『もらった』！」

――汗をかくにも方向性を

汗をかくことは、とても大切です。でも汗のかき方を工夫することは、もっと重要な時代です。

経済が成熟しますと、戦い方を変えなければならない？　是非、逆張りで、「貰う」というキーワードで、ビジネスを考えてみるのも一考ではないでしょうか？

コラム

誰も引き受けない実家の相続

相続財産も遠慮する時代が来ました。

「田舎の実家の押し付け合い」(「週刊エコノミスト」二〇一四年一〇月一四日号)も、相続トラブルの一つになりましたね。

東京でも、空き家がある時代です。長らく、相続税の仕事をやっていて、ついにここまで来たかなーと、思いました。

実家の片づけ

考えてみますと、換金性が低く、しかも、無人の田舎の実家は、片づけもしないといけない。(「週刊東洋経済」二〇一四年八月二三日号)

これも、難儀といえば難儀です。会社も二社に一社は、後継者がいない時代になりましたものね。

――老老相続、認認相続

被相続人、相続人とも高齢の、老老相続、互いに認知症の認認相続(同誌)。

語呂合わせは、いいんですが…。

五．真のグローカルの時代

グローバルに考え、ローカルで行動する

――これからの「グローカル」

もう一〇年以上前になりますが、確かマツモトキヨシの創業者の松本清氏だったと思うのですが、雑誌のインタビューで「弊社は、グローバルに考え、ローカルに行動する」と言っていたのが今でも私の記憶に残っています。

私もこの言葉が好きで、社内に標語として貼紙をしていたことがあります。

真剣に弊社の名前を、「グローカル税理士法人」に変更しようと思ったことがありますが、アイ・グローカルという同業の知り合いに先を越されまして、断念しました。

今のグローカル、私は**「グローバルにビジネスし、ローカルに合わせる」**、こんな時代になったんだと思うんですね。

――世界中、皆、ローカルマーケット

グローバル時代を否定するつもりは毛頭ありません。ですからグローバルな戦い方は、メディアや経営誌でも、いつもかしましい。

でもグローバルを、商品力だけでワンパターンで勝負できるのは、正直、有名ブランド品だけではないかと思うんですね。グローバルの戦い方は、ローカルマーケットの戦い方の延長でいいのではないか？　最近はそう思っています。

たいした経験ではないのですが、弊社も海外に出てみて真にそう思うんですね。ビジネスは、世界中共通です。当たり前ですが。

だからといって、**どこの地域、どこの国も地域特性を無視しては、ビジネスできません。**

特に、これから多くなるサービス業は、日本の地域戦略の延長線上で、グローバルマーケットを考えればいいんだ。

妙に私自身、腹オチしたんですね。

――日本のローカルマーケットの特徴

日本のローカルマーケットの特徴を列挙しますと、次のように考えられます。

①サービス業が主体
②大手だってシェアが高くなく、地場の有力企業がある場合、大手の優位性が薄い
③ローカルは局地戦であり、局地戦の戦い方をしないといけない
④比較的、成熟、衰退業種が多い
⑤地方に行くほど、競争が少ない

要するに、ローカルマーケットの特徴は、サービス業が多く、地場の局地戦、しかも大手が必ずしも強くないことです。

そして、一番のバリアはその**地方特有の壁**です。

――ローカルビジネスの壁

それは地方特有の「地元意識、縄張り意識」と「よそ者排除、よそ者に冷たい」の論理です。確かにこれは、他の地域から来た進出企業にとっての目に見えないバリアです。

私の同業の知人も福岡に移住して、一〇年経って博多どんたくに出たとき、始めて地元と認められたと喜んでしゃべっていたのを、今でも思い出します。

若い時でしたが、**「よそ者はそんなに大変なんだ!」**と、今でも刷り込みになっています（私自身、そんな教訓も、忘れて、全国に支部を作ってエラク苦労しています…（笑））。

――解決方法

私の古い友人に、えひめリビング新聞社の佐藤靖雄元社長がいます。

彼も愛媛に若いとき戻って、地元でビジネスを立ち上げ、成功させました。彼の地元化の話はとても参考になります。当初地元化するのに苦労したそうですが、ある時一気に解決したそうです。

その解決方法です。

彼によりますと、「進出時にひとつだけ、ローカルは何処でも同じですが、外側の人にはわからない、目に見えない意識のバリアが地域には潜在しています。それは地元意識（具体的には地縁と人縁）と、他所者意識です。

他所の人や会社に対する、地元特有の縄張り意識（警戒心）です。

ですから地元の長老と親しくなり紹介してもらう。すると警戒心がなくなり、狭いエリアですから、親しくなるのも早い。これは海外、アジア進出も同じ」と教えてくれました。

――むしろ成熟、衰退産業こそ勝機あり

成熟、衰退産業は新規参入もありませんし、イノベーションもあまり行われません。昔、金の鉱山に投資している人がいました。今のように、金が注目されない時代です。「なぜ金山か?」との問い対する答えは「誰も金鉱山に注目しないので、優秀な奴がいない。だから、ちょっと頑張れば勝てる」。今でも、彼の答えは覚えています。

かように成熟、衰退産業は人がいません。

でも、まだまだ日本国内(ローカルマーケット)は、十分経済規模があります。

例えば、メガネのJINSを展開するジェイアイエヌ。いまさらメガネかと思いますが、上場会社に成長しました。またPC用のメガネも開発し、メガネを必要としない層までマーケットを広げたのですね。

古い業界を事業化できたら、私はまだまだいけると思っています。戦い方を変えますと、十分成長の余地があります。

都市化の加速

――地方はもっと加速する

前にも書きましたが、プライメートシティ（二位を離しその地域で断トツに一位の都市）の時代が加速します。世界中都市化が進んでいます。

世界的に見て五割、先進国は八割が都市化しています。

特に日本は世界の都市の中でも断トツに東京の一極集中が進んでいます。ビジネスも都市化を抜きにしては、語れません。

私見ですが地方は、大都市圏より都市化が進みます。過疎化は、地方の都市化（集中化）とパラレルです（図7）。

図7 都市化率の推移

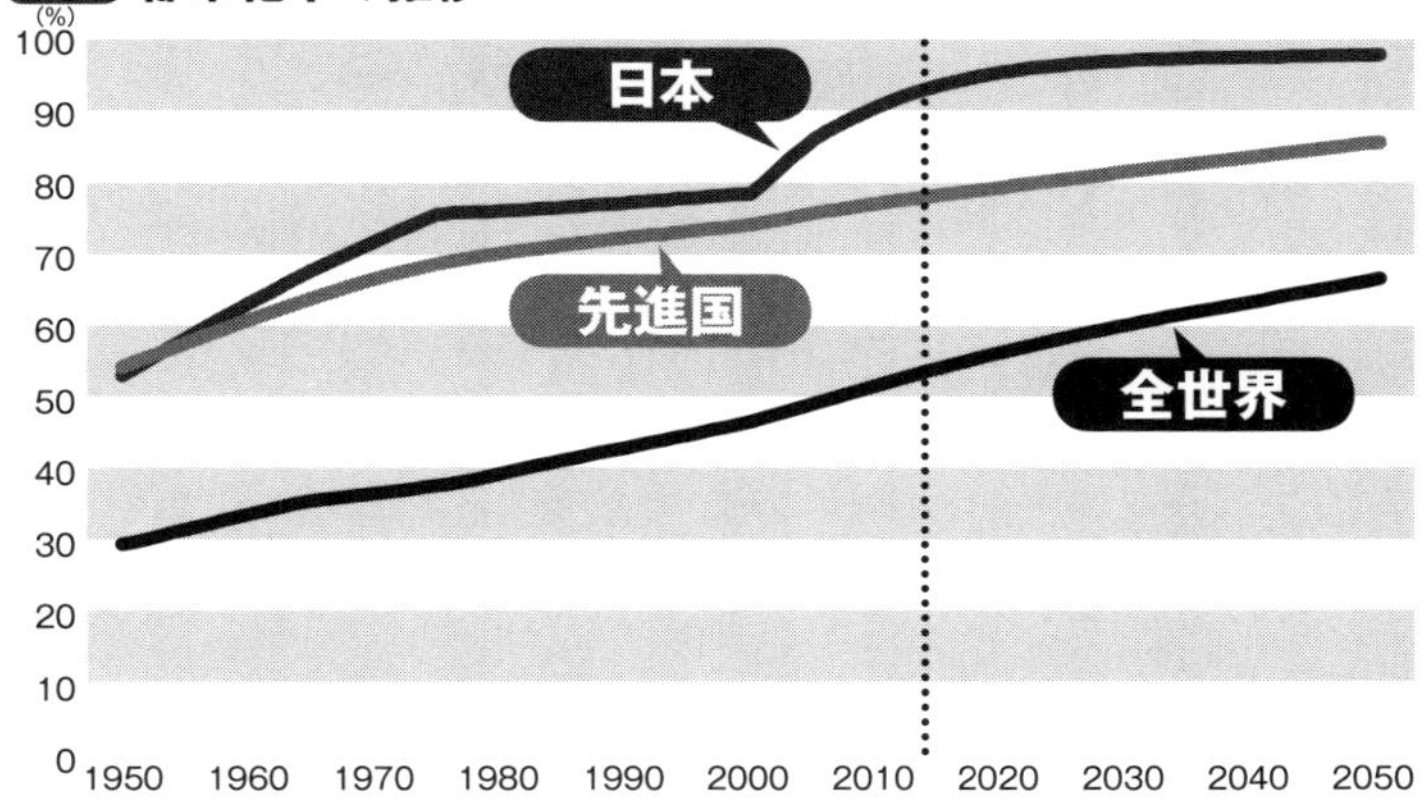

※2014年以降は予測の数字 出典:World Urbanization Report 2014 Revision

アジアの時代
――タイムマシーン経営が可能

恥ずかしながら弊社もカンボジア、ミャンマーに出先を作りました。バングラデシュも考慮中です。

私はど田舎が好きで、なぜかアジアの中でもマイナーな国に行くとワクワクします。アジアの時代が来るかどうか分かりませんが、とりあえず日本の来た道を実践できます。

私のビジネスは、マコト（誠）の道を進んできました。

マ…人のマネをする
コ…コだわらない
ト…トりあえずやる

アジアもとりあえずやり始めました。

――グローバルな地産池消の時代？

「日本は高級車が売れない、だから、高級車の売れる海外で、現地生産せざるを得ない」。と聞いたことがあります

ホントにそうですね。

購買力が低下する日本、需要が拡大するアジア、長期的に見れば日本だけでは中小といえども成長できません。

故邱永漢先生は、しきりに「国という概念なんてないんだよ。江戸時代にさかのぼれば薩摩の国等、日本でも国がいっぱいあったんだよ」と、生前言っておられました。

だから戦後、地方に出店したナショナルチェーンのことを思い浮かべれば、同じことではないでしょうか？

「グローバルに展開し、ローカルに戦う」

戦い方は同じではないかなと思うんですね。

――タイムマシーンビジネス

タイ、カンボジア、ミャンマー、バングラデシュに行った時の感想です。あくまでも、私の

皮膚感覚ですが、微妙にどの国も発展度合いが違うんですね（都市同士の比較ですが）。

その国の現時点での発展度合いが日本のいつの時代と同じなのか、考えます。

バングラデシュは、昭和三〇年代前半？

ミャンマーは、少し後かな？

カンボジアは、昭和三〇年代後半。

タイはすごく発展していて、昭和六〇年ぐらいかな？

すると、あの時代なにが流行ったかな？　と考えるんです。

当時の日本と同じことをやれば、流行ると思うんですね（あえて単純にいいますね）。

例えばバングラデシュで、ドラッグストアを見ましたが、日本的なチェーンオペレーションをしたら、きっと流行るんだろうな？　なんて思ってみたりします。

――成熟を学ぶ

四〇年前になりますが、イギリスに住んだことがあります。

住んでいる人々の動きがスローで緩慢なのにびっくりし、一年後日本に帰って来て電車に皆が争って走って乗るのを見て、随分差があるなーと、今でも覚えています。

当時、駆け出しの記者で、かつ丼を一時間かけて食べて、クビになった人もいましたから。

でも、今は、日本もスローですものね。ファストフードからスローフードですものね。

すると、過去に成熟した国から、日本はビジネスを学ぶ？

まだまだ学ぶことがあるんでしょうね。

固定観念を捨てるべき
——成長のスピードにも注目すべき

ミャンマーのヤンゴンを見ても、カンボジアのプノンペン、バングラデシュのダッカ、想像したより、大都会で近代的でした。

バンコクは、正直東京と遜色ありません。想像以上に進んでいます。

現地に行かないと分からないと、再認識しました。

最貧国と侮ってはゆめゆめいけない、これは自戒です。固定観念は、ビジネスマンの敵です。

しかも、行くたびに、その成長のスピードにびっくりします。成長のスピードにも注目すべきなんですね。

と言う事は、ビジネスも海外ではスピードアップできる?

――一国二通貨

余談ですがカンボジアでは、自国の通貨は流通していません。買い物も米ドルで、私は現地の通貨を見たことがありません(税金の納付だけは、自国通貨のリエルだそうですが)。預金も米ドル預金です。しかも預金金利が高い。日系の銀行の預金レートは、年五%~六%です(アメリカ本土に預金しても、低金利です)。

カンボジアの米ドル預金、為替リスクは対米ドルだけになります。資産の危険分散で米ドル高金利の国カンボジアは、私自身とても興味があります(実践もしています)。

――タイは、まだ伸びしろがある?

成熟したと言われているタイですが…。

タイの外資の六〇%は、日系企業と言われています。今度は、自動車のティア3(第三次下請業者)が出てくるそうです(出ないと、仕事がもらえないので、出ざるを得ない)。

この様に製造業も伸びしろがあります。また成熟化は、サービス業も本格的に進出する時代です。

タイは少し他の国より、成熟化した戦いをしないと、進出が難しいのも事実です。「失敗している企業も山ほどある」。現地事情に詳しい人の話です。

六・一夜城の時代

ある日突然バカにしていた企業に抜かれる時代！

――秀吉の墨俣一夜城

一夜で城ができるかどうかはさておき、ビジネスの世界も一夜城が次々とできる時代になりました。今まで歯牙にもかけなかったライバルがある日、こつ然と目の前を通過し見上げる存在になってしまう時代でもあります。

一夜城の時代は、M&Aの時代でもあります。あっという間に**「巨大企業」**という時代になりました。

2014年 3月期	対03年 増加率	対09年 増加率
6兆6,666億円	16.3倍	2.4倍
1兆853億円	12.8倍	3.0倍
16兆6,849億円	17.6倍	3.8倍
2兆8,586億円	11.1倍	3.4倍

出典：企業IR情報を基に作成

一夜城は、松下電器（現パナソニック）もそうだったと言います。まさにM&Aの先駆企業でした。自前で巨大企業になったわけではありません。あんな昔に、と思いますとやはり松下幸之助翁は、すごい人だった！

定めし、今の一夜城のチャンピオンはソフトバンクですよね。（図8）

スティーブ・ジョブズを称して「何も作らずすべてを作った」という有名な言葉がありますが、そっくり孫正義社長に当てはまります。

ソフトバンクを見ますと、「ある事業が次の事業の足掛かりを作ることが多い」（「週刊東洋経済」二〇一一年七月九日号）。

確かにジフ・デービスで、ヤフーの買収の

図8 ソフトバンク

	2003年3月期	2009年3月期	対03年増加率
売上高	4,068億円	2兆6,730億円	6.5倍
営業利益	▲919億円	3,591億円	4.9倍
総資産額	9,463億円	4兆3,866億円	4.6倍
純資産額	2,573億円	8,247億円	3.2倍

2003年3月期に対し、売上高で 2009年3月期は6.5倍、2014年3月期は16.3倍に成長している。ちなみに2009年3月期はiPhone3Gの発売（2008年7月）、2014年3月期は米国スプリント社の買収（2013年7月）。

（単位億円）

LIXILグループ		
平成22年3月期	平成26年3月期	増減率
2,891	4,385	151.7%
37	203	548.6%
1.28%	4.63%	—

平成22年3月期では、セグメント別でLIXILグループの売上高はTOTOの約半分程度であるが、平成26年3月期でみるとLIXILグループの売上高がTOTOに肉薄してきている。


きっかけを作った等、眼力がすごい。

とても参考になります。

日本電産、ＬＩＸＩＬグループ、一夜城の代表的な会社は数多くあります。

ＬＩＸＩＬグループのＩＮＡＸは、ＴＯＴＯに歯が立たず万年二位の会社でした。

でも今は、セグメント別に見てもＴＯＴＯに肉薄し、グループとしては遥かにＴＯＴＯを凌駕する会社になりました。（図9）

――日本生命と第一生命

また話題になっているのが保険料収入で、王座ニッセイを抜いた第一生命です（二〇一四年九月期）。

万年二位がどうして、ガリバーを捕らえた

図9 TOTOとLIXIL

	TOTO		
	平成22年 3月期	平成26年 3月期	増減率
売上高	4,219	5,534	131.2%
営業利益	65	471	724.6%
売上高 営業利益率	1.54%	8.51%	—

出典：各社IR情報を基に作成　LIXILグループは水回り設備事業。平成22年3月期LIXILグループは住生活グループ。

図10 日本生命と第一生命

		日本生命	第一生命
保険料等収入	2010年3月期	4兆8,174億円	3兆7,042億円
	2014年3月期	4兆8,255億円	4兆3,532億円
	2014年9月中間期	2兆4,682億円	2兆5,869億円
個人保険・ 個人年金 保険新契約数	2010年3月期	2,479	2,056
	2014年3月期	2,977	2,550
	2014年9月中間期	1,264	1,612

出典：東洋経済オンライン（2014年12月14日）と各社IR情報を基に作成
2014年9月中間期に第一生命は保険料収入、新規契約数で日本生命を逆転。
2014年6月に第一生命は米国中堅生保、プロテクティブ社を買収している。

か？　直接の原因は銀行の窓販が、頑張ったといいます。（図10）

銀行の窓口販売用に子会社を作り（第一フロンティア生命保険）、みずほ銀行中心に売りまくった（日本生命の四倍）。（「週刊ダイヤモンド」二〇一五年一月一七日号）

同誌でも触れていますが、大きな原因は**相互会社から株式会社への変換**ではないかと思います。

それにより、M＆Aも機動的にできる体制になりました（DIY生命保険、米プロテクティブ生命保険の買収）。

――足し算はP／L、掛け算はB／S

足し算のビジネスはP／L、つまり収益力の問題です。

掛け算のビジネスはB／S、つまり財務戦略の問題です。

言い換えますと、収支を合わすのもトップの仕事、それだけでなく、財務戦略に精通することもとても大事な時代です。

コラム

――スピード感

積極的なM&Aで成長を遂げた一社にLIXILがあります。二〇一一年八月社長兼CEOに藤森義明氏を招へいしたLIXILは、当初アジア一〇か国への勝負を仕掛けましたが、短期間での成長が見込めないとわかるとすぐに方向転換。「分散よりも、選択と集中」と、トイレ中心の水回りを軸にM&Aをグローバルに仕掛け、売上を順調に伸ばしています。スピード感が大事なんですね。二〇一九年までに売上高三兆円を目指しているようです。（「週刊ダイヤモンド」、二〇一四年九月一三日号）

第二章

これから三年が勝負年

一・ラストチャンスを逃すな！

東京オリンピック

――二〇二〇年まで株価上昇？

二〇二〇年の東京オリンピックの年までは、「株が下がらない」と言う人がいます。一理あります。

私は小さな波があっても、東京オリンピックまでは日本の景気が、ソコソコ行くのではないかと思っています（もちろん東京が中心ですが、波及効果で地方にも十分チャンスはあります）。大げさに言えば、日本経済再生のラストチャンスではないかと、思うんですね。

でもビジネスは、自社がその恩恵を享受できなければ意味がありません。マクロ的に良くても、ミクロ（自社）でダメでしたら、かえってしんどい結果になります。

――三年勝負

ということは、二〇一五年から三年がビジネスの勝負ではないかと思うんですね。二〇二〇年には、東京オリンピックが終わってしまいます。

五年かけていては、流れに乗るには遅すぎます。するとこれからの三年が、ビジネスマン、企業にとってとても重要です。個人的にはそう思います。

時間があまりありません。三年なんか、あっという間に経ってしまいます。

――重なるサイクル

嶋中雄二氏（三菱ＵＦＪモルガン・スタンレー証券参与、同社景気循環研究所長）の見解では、前回の東京オリンピックと、二〇二〇年の東京オリンピック前後の状況が似ていると言います。長期サイクルが重なり力強く日本の景気は上向くそうです（「週刊東洋経済」二〇一四年一二月二七日・一月三日合併号）。（図11、12）

――旅行先での財布の紐

東京オリンピックの目玉は、いかに外国人観光客を誘致するかです。私は外国人の観光客の誘致次第では、予想よりもっと経済効果があると思っています。

世界一の観光立国は、フランスです。首都のパリを含めフランス全土を訪れる観光客の数は

図11 東京オリンピック経済効果

（単位：兆円）

		需要創出額	経済波及効果	試算の前提
公共投資		5.3	9.5	東京圏（1都3県）の社会資本ストックが2020年にかけて91～98年の長野冬季五輪当時と同様に上振れると想定
民間投資		4.8	8.5	民間資本ストックが中長期的に会社資本ストックに連動すると想定（弾性値は0.947）
個人消費	居住者	1	9.6	日韓サッカーW杯の消費創出額（8480億円:電通総研調べ）を上回る1兆円をベースに、第2次間接波及効果まで推計
	観光客	1.1	1.7	東京夏季五輪により訪日観光客が年1000万人増加すると想定。訪日観光客の1人当たりの旅行中支出は11.2万円
合計		12.2	29.3	経済波及効果（生産誘発額）は需要創出額の2.4倍。但し、第2次間接波及効果を除くと1.7倍

出典：三菱UFJモルガン・スタンレー証券景気循環研究所

図12 2020年東京オリンピックによる経済効果は過去のスポーツイベントに比べ控えめか？

（単位：兆円）

	東京夏季五輪（2020年）	日韓サッカーW杯（2002年）	長野冬季五輪（1998年）
消費・投資額	1.2	1.4	1.7（1.5）
生産誘発額	3	3.3	4.7（2.3）
付加価値誘発額	1.4	1.7	2.4（1.1）
雇用者所得誘発額	0.8	0.9	―
調査実施機関	東京2020オリンピックパラリンピック招致委員会	電通総研社会工学研究所	長野県（長野経済研究所）

出典：同上

年間八三〇〇万人で、その経済効果はなんとおよそ五兆円だそうです。やはり海外から来る人は金を使います。

私たちも海外に行きますと財布の紐が緩みますものね。昔、一〇〇ドルを一〇〇円と混同した人がいました。ラスベガスで間違えて、大損したそうです。

コラム

日本再開発

――リニア新幹線

二〇一四年八月にJR東海がリニア中央新幹線の建設を国土交通省に認可申請をしました。現在の計画ですと東京～名古屋間を二〇二七年度の開業を目指し、その後二〇四五年に大阪までの延伸を予定しています。

完成すれば、最高時速は現在の新幹線のおよそ倍である時速五〇〇㎞に達します。東京名古屋間を最速四〇分で結びます。名古屋が東京の通勤圏内（笑）。

その技術は、零下約二七〇度に冷却して電気を流すと強力な磁力を発生させる原理がある超伝導磁石の賜物だそうです。

そんな夢の乗り物ですから建設費も莫大で、東京から名古屋まででも五兆五〇〇〇億円、大阪までなら九兆円を上回っているそうです。

経済への効果も大いに期待されています。中でも注目されているのは東京側の始発駅となる品川駅周辺。品川〜羽田空港という「ドル箱」を持つ京急もさらに潤うといわれていますが、それ以上に京急は品川駅周辺の隠れた大地主で再開発の計画が具体化されれば、最も恩恵を受ける企業になるようです。(「週刊ダイヤモンド」二〇一四年九月二〇日号)

リニア中央新幹線は八五％がトンネルの路線です。総工事費の四〇％がトンネル関連の費用で、トンネル大手といわれている安藤ハザマ、飛島建設、西松建設、前田建設工業、熊谷組の五社にも注目が集まっているそうです。

――再開発

新しい日本の大動脈が増えるということは、その周辺に新たな交通インフラの整備計画も上がってきます。東京に限ってみていきますと今年開通の上野東京ラインのほか、品川・田町駅間の新駅開設、都心と羽田空港を結ぶ新線の計画などが浮上しています。(「週刊エコノミスト」二〇一四年一〇月七日号)

前述した場所だけではありません、既に完成した虎ノ門ヒルズの足元、環状二号線(通称新虎通り)周辺もパリのシャンゼリゼ通りよろしく、オープンカフェがひしめくオシャレな通りになるようです。

渋谷駅周辺もガラリと様変わりします。東急百貨店東横店東館の工事もその一環ですね。

もちろん東京オリンピックに向けた会場・選手村の建築・改修など、今後も建築ラッシュが続きそうです。

二・ビジネスは抜かれたら終わり

立ち止まってはいけない
——中国とのGDPの差

図13を見てください。

中国と日本のGDPを比較しました。

二〇一〇年に抜かれて、たった四年で、円安の影響もありますが、倍に開いてしまいました。抜かれたら、追いつけない、ますます差が開いてきます。

図13 中国と日本、GDPの推移

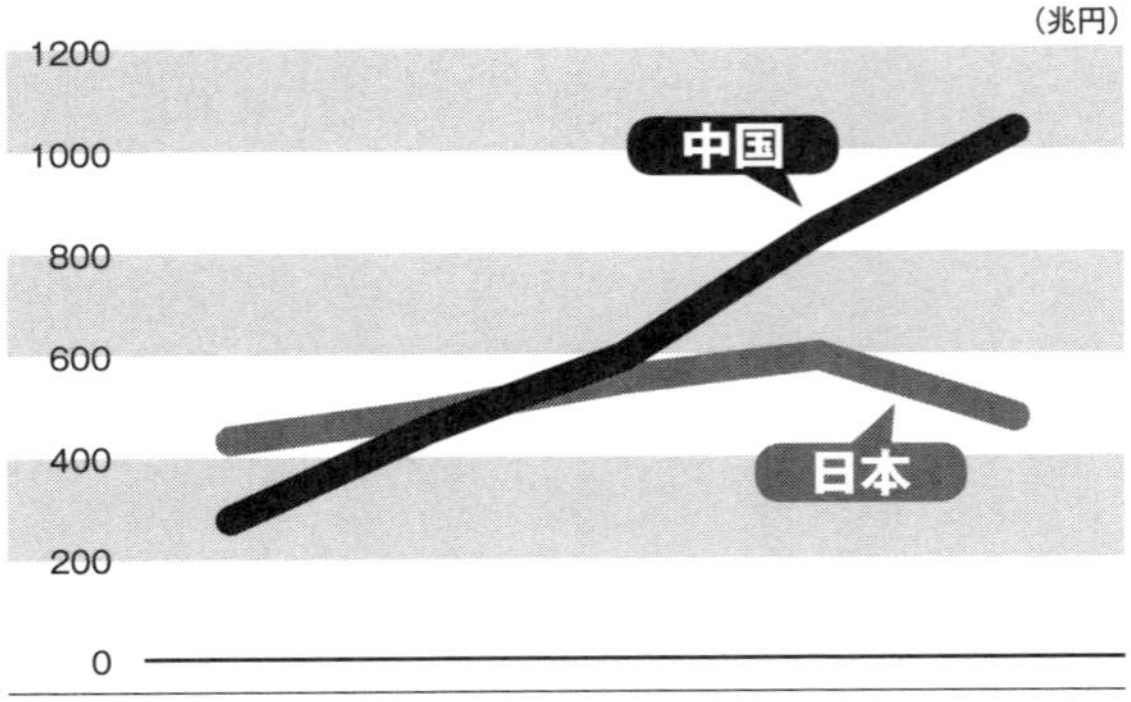

	2006年	2008年	2010年	2012年	2014年
中国	279	454	594	838	1,035
日本	435	484	549	593	476
差	-156	-30	45	245	559

出典：「IMF;World Economic Outlook Databases 2014」を1USドル=100円で換算

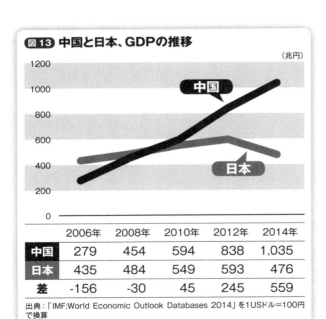

――ビジネスも同じ

ビジネスとは終わりのない、マラソンです。一度ライバルに抜かれたら、抜き返すのは大変です。相手は加速がついていますからね。

私も四〇年近く色々な企業を見てきました。どのくらい伸びるかわからないと思われた企業があっという間にライバルに抜かれて失速した例を山ほど見てきました。

――休まないウサギたれ

いつも思うのですが、イソップのウサギとカメではないですが、昼寝しなければ、カメには抜かれませんでした。

私の経験でも、失速の原因は、ライバルの台頭より、これでいいと思って一休みして、要するに内部要因で失速した会社の方が多いですね。

ビジネスは休んだら終わり！

第三章

今年（二〇一五年）企業がとるべき方法

一・三年にらみ今日を戦う

ワンパターンではいけない

——**戦い方を変える**

私の考えを言います。

①価格競争はしない
②B／S重視の戦略
③海外進出をにらむ

——**猶予はたった三年**

前述したように、東京オリンピックまでの五年は、日本経済は上向きです。たぶんその五年後は少子高齢化がもっと進みますから、長期低迷に入るのではないかと思っています。

私は**「ろうそくの燃え尽きる最後の五年」**と思っています。

前にも言いましたが猶予はたった三年、しかもアベノミクスで潮目が変わりました。逆に言いますと、チャンスの三年とも言えます。

ストレッチというキーワード

「経営ノート二〇一四」からの私のテーマです。

一年たった今、ストレッチというと私は、ビジネスが腹オチします。

業界、商品、人、皆ストレッチの時代ではないかと思うんですね。（74ページ図15参照）

業界のストレッチ

まず業界、少し隣地拡大して考えると、視野が開けます。

「隣地拡大」「隣接異業種」へのストレッチが一番現実的な戦略です。

オリックスの例を出しましたが、最近会計ソフトの「弥生」を買収しました。隣地拡大戦略は、会計にも及びましたね（図14）。

一〇年以上前ですが、同社が会計事務所を買収するといううわさが出たことがありました。

――商品のストレッチ

これだって隣地拡大が不可欠です。言い古されていますが、「顧客があって商品がある」！

商品は、売れて何ぼなんですが、ついつい自社の商品に固執する悲しい性（笑）。

――人のストレッチ

古いギャグで、「犬の気絶」という言い回しがあります。

ワンパターンを訳すと「犬の気絶」。犬がパターンと倒れますから、ワンパターン（笑）。

人事もワンパターンではいけないですね。

先ず、正社員から多様な働き方を考える。

ダイバーシティが流行っていますが、一挙に

図14 オリックス成長の歴史（当期純利益の推移）

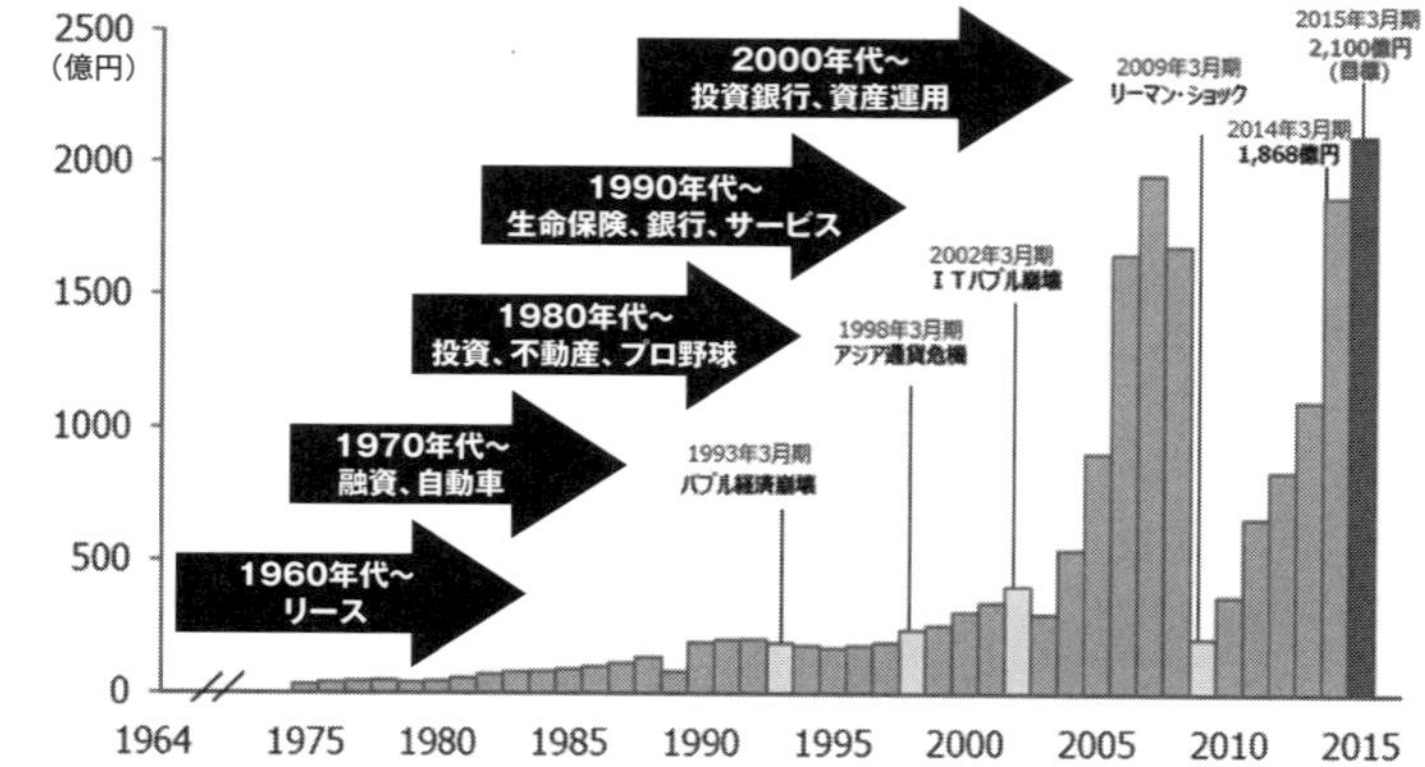

出典：「50周年を迎えて オリックスの軌跡」を基に作成

できません。

まず、現実的にできることから少しずつストレッチする。人間だけでなく、ITへのストレッチも考える。

でも、言うは易しなんです。本当にトップが執拗に言い続け、実行のチェックをしないと進みません。スタッフは自分の日常の仕事で手一杯ですからね。

指示しても返事だけはいいのですが（笑）。

自社はどんなステージか？
——まず分析を

図15は、「経営ノート二〇一四」でも触れたものです。

統計を調べたわけではありませんが、まだまだ、未成熟の業界（分散型企業）が日本でも多そうです。

そうは言っても、市場は成熟社会です。勝負がほぼ決まった業界で戦うのは、得策ではありません。先ず、自分の属する業界がどんなステージなのか、分析が必要です。

図15 事業戦略

事業の特性の変化
貴方の業界はどんなステージか？

①分散型事業　小会社の乱立

②特化型事業　独自の強味

③規模型事業　規模の優位性

④手詰まり型事業　収益性の低迷

⑤残存者利益の享受

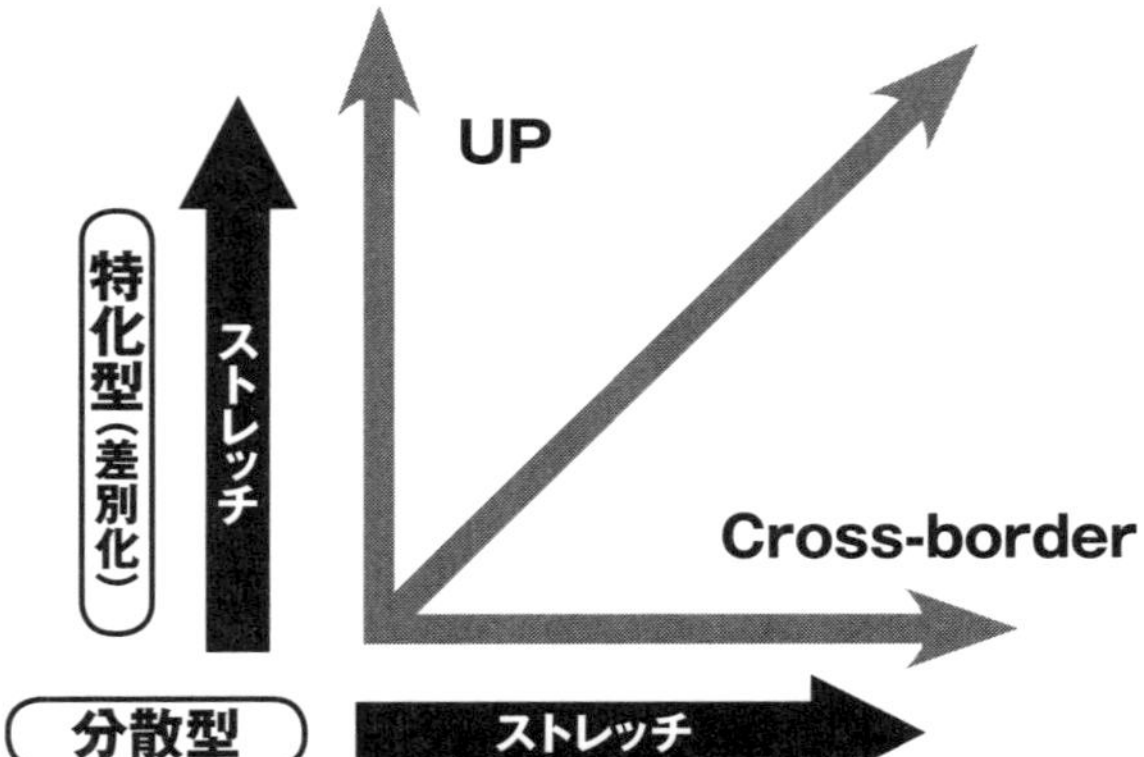

（「経営戦略の教科書」遠藤功著、光文社）

――自分の業界は伸びしろがあるか？

例えば税理士の業界は、最大規模の税理士法人でもシェア一％程度です。これでは、ランチェスターで言うところの、番外弱者に該当します。

最大規模でそうですから、いまだ分散型事業規模の入れ食い状態の業界です。

ですから、新規参入でも、十分ナンバーワンを狙える業界です。

――相模屋食料に見るストレッチ戦略

「経営ノート二〇一四」でも紹介した「ザクとうふ」の相模屋食料は、三年で規模を一五〇億円まで伸ばし、なおかつ、「ザクとうふ」という特化型と規模型を同時に達成した事例でした。（図16）

「ザクとうふ」大ヒットの方程式は次のようなものだと考えます。

①絞り込み＋大量生産で一点突破　→規模の拡大

②量産型は「ザク」で差別化　→特化型事業展開

霧島酒造も、戦略商品である「黒霧島」の開発に資源を集中し、一〇年で業績を三倍近く上昇させました。

まだまだ業界によっては、ビジネスには穴があると、つくづくそう思います。

コンビニに学ぶ
——価格競争はしない

当然ですがインフレ期は、安売り競争に巻き込まれるのは絶対避けた方がいいですね。

特に体力のない中小企業では、禁物です。

感心するのは、コンビニの進化と変化です。コンビニの歴史は、他業種から市場を奪う歴史でした。

言い換えますと、「変化対応、定価販売の歴

図16 相模屋食料　　出典：企業HPより

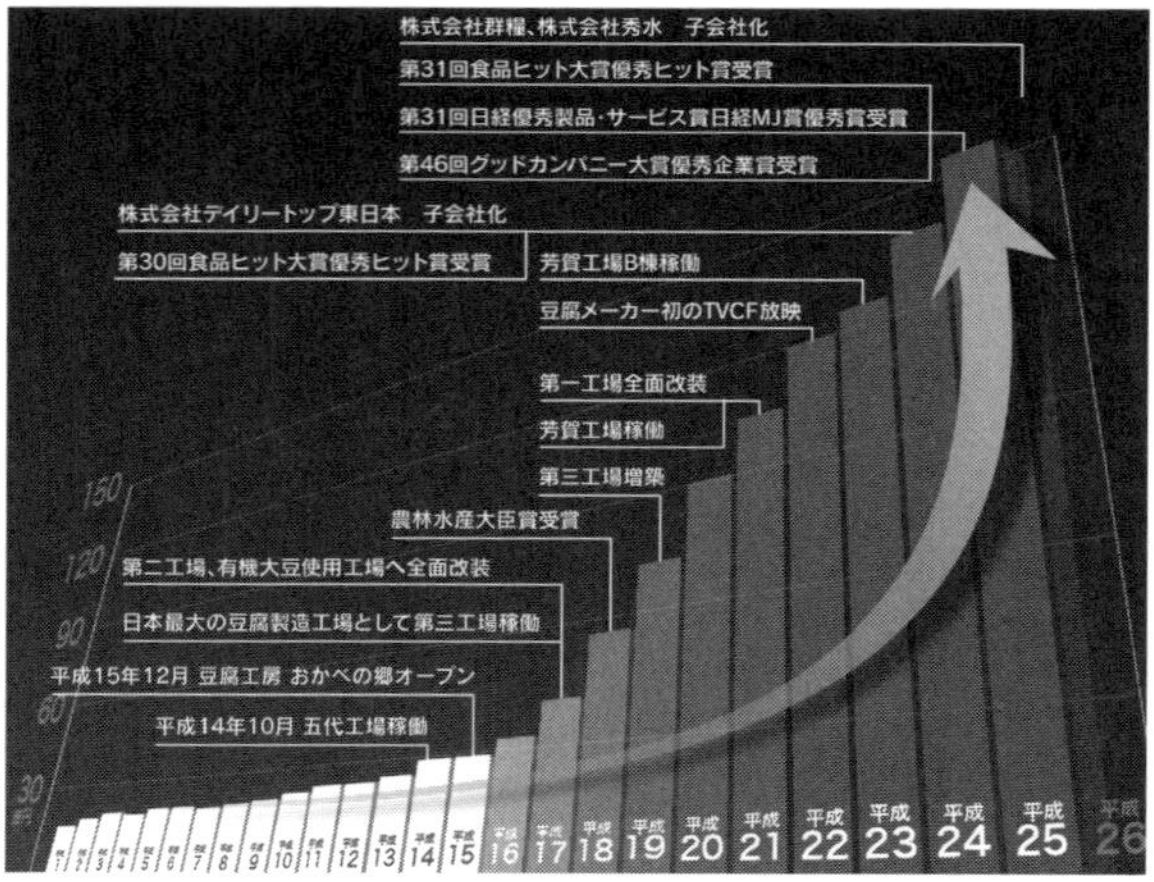

史」なのかなあ？

創世記　↓男の不便を解消する店としてスタート
　　　　↓だから定価販売（高くてもよかった）
　　　　↓男が不便でなくなった結果
　　　　↓女性から、結婚の機会を奪う

その後　↓中食市場を作る
　　　　↓ファミレス（外食産業）から、市場を奪う

モノからコトへ　↓銀行からＡＴＭを奪う

最近　↓コーヒーチェーン、缶コーヒーメーカーからコーヒーを奪う

そして最近では、セブン‐イレブンの「セブンゴールド」のように高額ＰＢを売り出し、実

質値上げをしていますね。

――コンビニの死角

コンビニだけが、一人勝ちと言われています。ではコンビニに死角はないのか？　あるとすればフランチャイジー側の問題です。これから大きな問題が起こるんではないかと思うんですね。

店主の老齢化？　店に行っても、若い店員はあまり居ません。先般コンビニの店主が、夜間殺されたという事件がありました。

あまりマスコミにはでませんが、本部との契約上のトラブルも増えてきているようです。

コラム

――サークルKサンクスの一人負けの現状

好調なコンビニ業界ですが、業界第四位のサークルKサンクスに元気がないという記事がありました（「実業界」二〇一四年八月号、実業界）。運営するユニーグループ・

ホールディングスの二〇一四年二月期連結決算は営業利益前期比二七・七％減、コンビニ部門だけに絞ると営業利益が九四億円で前期比四三・五％減と不振が目立っています。

二〇〇六年に旧長崎屋系のサンクスアンドアソシエイツとユニー系のサークルKが統合して業界四位に浮上しましたが、統合によるスケールメリットがほとんど活かされていないようです。

ユニーが経営主導権を握ったことにより、サンクス系の加盟オーナーに不安が生じました。そしてその不安を経営陣が拭いきれなかった影響で統合以降四八〇店のサンクスが鞍替え等により消えています。

いまだにサークルKとサンクスの店舗が別々に存在していること自体に統合した意味があるのか疑わしく思えます。

全店舗で「サークルKサンクス」に統一していれば、他チェーンからのこれほどまでの切り崩しもなかったんではないでしょうか。

付加価値をつける

――そして本業に固執しない

「ケーキやの娘の名前はケー子さん。では、まんじゅうやの娘の名前は？」正解は後程。

近所で流行っている店を覗くと、比較的元気のいい店は、ケーキ屋さんかパン屋さんです。

確かに行列のできるケーキ屋さんパン屋さんは、地場に多くあります。

でも魚屋さんや肉屋さんは、地元でも元気なところは少ないですね。

理由は簡単です。仕入れて売るか、加工して売るかの違いです。**加工の方が粗利が高い！**

流行っている肉屋さんや魚屋さんは、コロッケがウリだったり、やはり素材を加工しています。

食品スーパーの粗利が高いのも、惣菜ですものね。

正解、アンコ。

――**ローカルマーケットで勝つために**

私は、一貫してローカルマーケットは、サービス業が多く、大会社がシェアを比較的取りにくい、局地戦だと書いてきました。

だから、中小でもやり方次第では大手に勝てると主張してきました。

そこで勝つためには、単品で勝負するより、品揃えが多い方が戦い易い。

「単品」で勝負するには広域なマーケット、地域限定で勝負するには「多品種」、これが戦う法則です。

要するに、地域で戦うには、「なんでもやった方が、つまり多角経営の方が商売が広がる」という訳です。

戦い方

でもダボハゼみたいに、なんでも手当たり次第にやれば良い、という訳ではありません。効率も落ちますし、成功の確率は低くなります。そもそも、あまりにも業界が違いますと、商売のやり方を知りません。

順調な時はいいんです。ほおっといても儲かりますから。悪い時が大変なんです。

私も昔、カラオケボックスを経営していたのでわかりますが、悪くなるとホント打つ手が思い浮かばず、往生した経験があります。

ですから、地方こそ隣地拡大戦略が不可欠です。

私の同業の先輩を見ましても、地方で大きくなった会計事務所は会計だけでなく、社会保険、人事、それこそ会計に近い分野に進出した事務所でした。

ですから、地方で会計事務所を開きたいという後輩には、近いとこをなんでもやれと無責任なアドバイスをしています（笑）。

――「大手は絶対優位ではない」の終焉？

私は、何年にもわたって、ナショナルチェーンのシェアが小さい、中小でも戦い方によっては勝てると言い続けてきました。

でもどうでしょう、最近ですがどうも多くの業界で大手のシェアが固まってきて、地場産業が必ずしも有利ではないんではないか？　こんな仮説をもっています。

例えば小売を見ますと、小売全体では確かにシェアが低いですが、百貨店、ＧＭＳ（総合スーパー）、コンビニ、ホームセンター、ディスカウントと業態別に見ますと、もう勝負があったと思われるような数値（シェア）になっています。（図17）

前述したように、大手のシェアが小さく、まだまだ成長（ストレッチ）できる業界もありますが、だんだん穴が埋まって行っています。

私の独断ですが、猶予は三年。奇しくもこれも三年勝負です。

――時価総額でも大きな差

ドン・キホーテとコーナンの株価の差です（図18）。売上の差以上の株価の差が出ています。

理由は簡単です。ドン・キホーテは、全国展開、コーナンは、近畿中心の地場の大手です。

そしてマーケットは地場企業を評価していないのです。

株価が未来を映す鏡だとすれば、ナショナルチェーンが跋扈《ばっこ》する時代の先取りともいえます。

――サービスは小売に学び、仕組みはメーカーに学ぶ

最近見たテレビで、「農業が何故ダメか」という特集をやっていました。答えは、「農業らしさを求めてはダメ。工業に学びなさい。そして農繁期を無くしなさい。」でした。

答えに感心したのですが私は、サービスは小売、飲食に学び、生産の仕組みは工業化（事業化）できれば、入り口と出口が可能になり生産性の低いといわれている業種でも勝てると言い続けてきました。

小売業全体で見ると、イオン、セブン&アイのシェアも4%程度であるが、総合スーパー、コンビニのように業界を絞ると、イオンもセブン&アイも15%以上のシェアを確保している。

出典：日本経済新聞調査2014年3月、各社IR情報
ランキングは「会社四季報　業界地図2014」を参考

●百貨店

順位	社名	売上高	シェア
全体		6兆円	100%
1	**三越伊勢丹ホールディングス**	1兆3,215億円	22.0%
2	**J・フロントリテイリング**	1兆1,463億円	19.1%
3	**髙島屋**	9,041億円	15.1%
4	**そごう・西武**	7,892億円	13.2%
5	**エイチ・ツー・オーリテイリング**	5,768億円	9.6%

●ホームセンター、ディスカウントストア

順位	社名	売上高	シェア
全体		4兆円	100%
1	**ドン・キホーテ**	6,124億円	15.3%
2	**DCMホールディングス**	4,341億円	10.9%
3	**大創**	3,763億円	9.4%
4	**カインズ**	3,696億円	9.2%
5	**コメリ**	3,355億円	8.4%

図17 カテゴリー別のシェアランキング

小売業全体

順位	社名	売上高	シェア
全体		138兆円	100%
1	**イオン**	6兆3,951億円	4.6%
2	**セブン&アイ・ホールディングス**	5兆6,318億円	4.0%
3	**ヤマダ電機**	1兆8,939億円	1.3%
4	**三越伊勢丹ホールディングス**	1兆3,215億円	0.9%
5	**ユニーグループ・ホールディングス**	1兆321億円	0.7%

●コンビニエンスストア

順位	社名	売上高	シェア
全体		9兆円	100%
1	**セブン-イレブン・ジャパン**	3兆7,812億円	42.0%
2	**ローソン**	1兆9,453億円	21.6%
3	**ファミリーマート**	1兆7,219億円	19.1%
4	**サークルKサンクス**	1兆188億円	11.3%
5	**ミニストップ**	3,499億円	3.9%

●総合スーパー

順位	社名	売上高	シェア
全体		13兆円	100%
1	**イオン（GMS事業）**	3兆534億円	23.4%
2	**セブン&アイ・ホールディングス（スーパーストア事業）**	2兆94億円	15.4%
3	**ユニーグループ・ホールディングス（総合小売業）**	7,999億円	6.1%
4	**イズミ**	5,568億円	4.6%
5	**ライフコーポレーション**	5,349億円	4.5%

失われた二〇年の勝ち組とされる、ユニクロ、ニトリを待つまでも無く、今では多くの中小企業が産業化に取り組んでいます。産業化する第一歩は分業です。そして数値化。

弊社でも遅ればせながら分業を実施してきましたが、これだけでも大分楽になりました。それと、農繁期を平準化して無くすことです。

例えば、獺祭（だっさい）で有名な旭酒造です。マーケティングが秀逸な会社ですが、作る仕組みも酒屋さんとしては断トツです。

①杜氏を置かない（一般社員でも製造できるデータ管理）

②冬だけの製造を通年生産とする

③徹底したデータの活用

図18 ドンキホーテホールディングスとコーナン商事比較

●期末株式時価総額（期末株価終値×期末発行済株式数）

ドンキホーテホールディングス（連結）	4,429億円
コーナン商事	356億円

ドンキホーテホールディングスは平成26年6月決算、コーナン商事は平成26年2月決算
（出典：yahoo!ファイナンスより）

	ドンキホーテホールディングス（連結）	コーナン商事
売上高	6,124億円	2,737億円
経常利益	354億円	102億円

ドンキホーテホールディングスは平成26年6月決算、コーナン商事は平成26年2月決算
（出典：各社IR情報より）

これはテレビで見た、旭酒造のポイントです。あらゆる業種に通ずる内容ではないでしょうか。

成熟化社会とは

企業は、成熟化社会の経営が必要です。これも少し紹介します。キーワードは、**「環境」「安全」「健康」**です。

これらをテーマにビジネスを展開できますし、また自社の内部の課題として取り入れることも可能です。

――『榊原英資の成熟戦略』

現代の日本には悲観論が渦巻いています。私の見解では以前の経営ノートでも記しましたが、まだまだチャンスがあります。だから悲観する必要はないんじゃないかと思います。国土は狭いものの、森林面積・排他的経済水域は世界でも有数の広さがある環境大国なのです。

犯罪率の低さ・平均寿命の長さ・一人あたりのＧＤＰつまり、所得の多さの面でも世界屈指の国でもあります。

「成長」という視点から「成熟」という視点にシフトしてみれば、まだまだビジネスのチャンスは眠っている国なんですね。

「環境」「安全」「健康」これが日本経済のキーワードになるんじゃないでしょうか（「榊原英資の成熟戦略」榊原英資著、東洋経済新報社）。

――健康経営

健康といって忘れてはいけないのは従業員の健康問題。そこで出てきたのが「健康経営」というワード。これは従業員の健康を重要な経営資源と考えて戦略的に投資・実践する取り組みだそうです。法令遵守は最低限取り組むべき課題です。従業員の疾病・障害・死亡による企業責任が問われ多大な賠償が課せられ、企業のイメージも打撃を受けてしまいます。さらには健康経営の実践はリスクマネジメントであると同時に先行投資でもあります。

やはり企業にとって従業員は「人財」です。従業員の健康は企業の健康にも直結するんじゃないかと思うんですね。

退職後の従業員の第二の人生が健康で豊かなものであれば、充実した余生を求める人が増え、さらなるビジネスのチャンスが拡がるんじゃないかとも考えています。（「月刊総務」二〇一四

年一二月号）

二・B／S重視の戦略

世界を見る眼
――B／Sの目減り

第一章から繰り返しますが、トップが絶対避けて通れない世界だと私は思うんですね。

私なりのB／S戦略とは、

①B／Sを国際比較で考える

②M&Aや投資はB／S戦略である

③財務で稼ぐ

少しこれらに触れてみます。

ご存知のように、円安が加速しました。

日本だけで考えると、B／Sの価値は、変わらないのですが、グローバル時代です。国際的には、自分の財産、自社のB／Sが円高のピーク時から三分の一目減りしたことになります。

経営者は、シマッタと思わないといけない時代です。

私は、実は為替の読みを間違いまして、とてもシマッタと思っています。毎年、自社のB／Sを米ドル換算して、評価する、これも一法かも知れません。

——株式も不動産も国際比較の時代

もう三〇年ぐらい前になるでしょうか、私のお客さんに外資系証券会社の方がおられました。「本郷さん、もう株は日本の株式市場を見ただけではダメなんだよ。トヨタの株は、GMと比較して高いか、日本とニューヨークの比較なんだ」、こんなことを教えてくれました。当時の私にはすごく新鮮な話でした。でもその時は、ピンと来ませんでしたね。

もうひとつ、二〇年以上前のことですが、アメリカで証券会社の人にアメリカの株は上がるよと言われました。当時のニューヨークダウは確か二〇〇〇ドルぐらいで、日本はスッ高値でしたが、今振り返ると、日経のダウ平均と同じ水準に収斂していますよね。

最近では不動産も、例えば東京の不動産はシンガポールに比較して安い高い、と投資の基準は国際比較です。

キモは都市間の比較です。グローバル化は、都市間競争の時代とつくづく実感します。

――デフレの国から、インフレの国への投資

まさに今までの日本はそうでした。金利の高い豪ドル預金をして、円安になったらそのまま金利をもらい、円高になったら、円に換える、と豪ドル一本かぶりで財産を作った人がいます。

私はこれからも当分日本は、インフレ政策に舵をとっても、低金利が続くと思っています。

ですから、日本からインフレの国（新興国）への投資の法則は生きていると思います。

財産の国際分散、資産防衛これもトップの役割ですね。

――狡兎三窟（こうとさんくつ）

賢いウサギは、穴を三つ掘っておくので、危険が迫っても生き延びられることを意味します。

資産の分散も課題です。「卵を一つのかごで運ぶな！」という有名な格言がありますが、狡兎三窟これも、好きな表現です。

まさに、資産三分法の表現そのものです。

――「投資＞稼ぐ」の法則

フランスの学者、トマ・ピケティの新資本論（日本語版「21世紀の資本」、みすず書房）がベ

ストセラーになりました。

私は読んでいませんが、「週刊東洋経済」（二〇一四年七月二六日号）で特集されていました。

本書のポイントは、

①経済成長率（ｇ）よりも資本収益率（ｒ）が高くなり（「ｒ＞ｇ」）、資本を持つ人にさらに資本が蓄積されていく傾向がある

→富裕層が運用する金融資産など資本収益率は毎年、平均五％の成長を維持

②この不平等は世襲を通じてさらに拡大する

③この不平等を是正するには世界規模で資産への課税強化が必要

ということです。

過去の実証研究からの結論だそうです。私は勝手に、投資の方が稼ぐより儲かるんだと解釈しました。

最近では、先進国では儲けのネタがなくなってしまい、ますますその法則の真実味が増すんではないでしょうか？

先進国（成熟国）では、株や不動産などの投資によって得られる利益の成長率が、労働によって得られる賃金の成長率を上回る、と勝手に解釈しています。

私なりの解釈ですが、「稼ぐ経済」よりも「貰う経済」に今後なっていく。これと同じことなんじゃないでしょうか?

――貨幣成長率

私も知らなかったのですが、「貨幣成長率」(お金が市場に出回っている量の増える割合)というのがあるんですね。

一九九一年以前の貨幣成長率は九%、失われた二〇年は平均二%で、貨幣成長率の劇的低下が、「失われた二〇年」の原因という説です(「週刊エコノミスト」二〇一四年七月二二日号)。

この記事を執筆した早稲田大学助教の井上智洋氏の説は、お札を刷れば、好景気になるという理論です。これも大変参考になりますね。

攻めに転じる年

――資産を増やす

二〇一四年のテーマは資産防衛でした。二〇一五年は、増やす戦略を取らないと守るだけではジリ貧になる、そんな危機感を持っています。

アベノミクスは、インフレターゲットという人工インフレを作りました。逆にチャンスではないかな？　そう思うんですね。

――投資で稼ぐ

岩塚製菓というお菓子のメーカーがあります。

この会社は、営業利益は少ないのですが、経常利益が巨大です。（図19）

ここは、ワンワンホールディングスという中国ナンバーワンのお菓子メーカーにお菓子の作り方を教えたんだそうです。

その縁かどうか分かりませんが、そこの配当で経常利益が巨額になったといいます。

これなんかも、B／Sで稼いだ典型ではないでしょうか？

――海外進出をにらむ

まだこれからでも、海外進出は十分間に合います。

第一章でも書きましたが、何といっても日本国内のマーケットは縮小します。大小にかかわらず海外への進出は、トップの使命ではないでしょうか？

私のつたない経験では、**財務と対で、進出を考えると結構楽**な場合があります。例えば、弊社がカンボジアに進出した時、当分赤字を覚悟しました。でも前にも書きましたが、米ドル預金ができ、しかも金利が高いんですね。「そうか、向こうに預金をして、その金利で赤字を埋めればいいんだ」、こう思ったんです。為替のリスクは、現地で使えば同じと割り切ったのですね。

新興国は金利が高いですからね。現地で借りたら合いませんが（笑）。

［貸借対照表］			
流動資産	54億円	流動負債	39億円
固定資産	1,044億円	固定負債	335億円
（うち投資有価証券）	**（972億円）**	純資産	723億円
資産合計	1,098億円	負債・純資産	1,098億円

［貸借対照表］			
流動資産	217億円	流動負債	190億円
固定資産	450億円	固定負債	93億円
（うち投資有価証券）	**（60億円）**	純資産	384億円
資産合計	667億円	負債・純資産	667億円

ループ（旺旺企業集団）のもの。岩塚製菓と亀田製菓を比較すると同じ製菓業でも財務・収益構造が大きく異なる。

図19 岩塚製菓

平成26年3月期

［損益計算書］	
売上高	210億円
営業利益	4億円
受取配当金	**19億円**
経常利益	24億円

亀田製菓

平成26年3月期

［損益計算書］	
売上高	928億円
営業利益	33億円
受取配当金	**0.48億円**
経常利益	45億円

岩塚製菓は営業利益4億円に対し、受取配当金が19億円となっている。また総資産1,098億円のうち投資有価証券が972億円と9割を占めている。これら有価証券の半分以上が中国で業績を伸ばしているワンワング

第四章

その他、私の興味のある事柄

一・ホールディングス

ホールディングスは、成長戦略に役立つか？

――相関関係

私が興味のあるものの一つに「ホールディングスと企業成長」の相関関係があります。今は流行のようにホールディングス化していますが、移行前と移行後ではどう違うのだろうか？

アルフレッド・チャンドラーの「組織は戦略に従う」ではありませんが、成長戦略としてホールディングスは有効なのかどうか？

でも、私自身ホールディングスの経験はありませんので、ここでは私の問題意識とメモ程度の記事になりますが…。

――組織形態

「純粋持株会社」と「事業持株会社」があります。

どちらを選択するかによって、成長が違います。どちらが良いと言うより、戦略次第かな？

——分社経営とホールディングス

分社により、社長を多く排出します。若い人のチャンスが多くなり、そのうち大化けする人の可能性や次世代のリーダーが発掘しやすくなります。

しかし、「今の時代は、経営環境がすぐ激変します。こんな複雑で高度な社会になれば、小さな分社では経営資源が分散され、力がでない。統合して、全社的に対処しなければ競争に勝てない」、これも事実です。

二〇年前には分社経営で有名になった会社も、その理由から今はやっていません。

特に中小企業は、そうでなくても経営資源は限定的です。それをさらに細分化する戦略は、今の時代どうなんでしょうか？

しかしホールディングスを作り、次々と分社戦略を取り、事業を成長させる。若手登用の良い機会になるかもしれません。

――純粋持株会社

特に純粋持株会社は、

「特定の本業を持たない親会社」

「本業のしばりから脱した会社」

「共通語は財務数値だけ」

「不在支配（absentee control）」

（「持株会社と日本経済」下谷政弘著、岩波書店）

業種を問いませんので、エンドレスな組織が可能です。

「本業のしばりがない。また、子会社の事業内容の選択、参入、退出はすべて戦略本社の経営判断しだいです。」（同書）

理屈では、成長戦略がとり易い組織形態です。本業脱皮、新事業創造、イノベーションができる可能性があります。

反対に、「本業喪失」（同書）、あぶはち取らずになる恐れもあるからです。コングロマリット化の失敗例もあります。

――同業同士のホールディングス化

地銀の経営統合で取られている形態です。これも興味があります。

――役員の兼務

ホールディングスと事業会社のトップの兼任の有無。当分、分けられないんでしょうね。戦前の番頭政治になれば、専任人事になるのかな？　その意味で、ＬＩＸＩＬグループには興味があります。

――平成財閥は生まれるのだろうか？

戦前の純粋持ち株会社は、三井、三菱、住友等財閥を生みました。戦後のホールディングスは、平成の財閥を生むのか？　これも興味の対象です。

二・リーダーシップ

答えがないから面白い

――今どきのリーダーシップ

特に二一世紀は、リーダー次第のところがありますしね。

例えば皇帝と言われた、サムスン電子の李健熙（イ・ゴンヒ）会長が心筋梗塞で倒れた途端、サムスンの勢いがなくなったような気がします。

巨大な会社でさえ、そうですから、いかにリーダーへの依存度が強い時代になったかということではないでしょうか？

そこが二〇世紀の工業化社会と、二一世紀の地価社会の違いですかね。

――仕える側からの視点

経営書の中で一番面白いのは、個人的にはリーダーを書いた本であり、すぐれた経営者自身が書いた本です。小説的に読めますからね。

でも仕える側からどんなリーダーなら仕えてみたい、こんな視点の本はなかなかありません。私の好きな先生ですが、早稲田大学ビジネススクールの内田和成教授がいます。彼のネット授業で、リーダーシップ論をやっていました。

なるほどなーと思ったのですが、織田信長、豊臣秀吉、徳川家康を比較して、どのリーダーに仕えたいかをしゃべっていました。

単純に言いますと、信長は変革期のリーダー、秀吉はまとめのリーダー、そして家康は安定期のリーダーです。

私個人的には、信長に仕えたいと思うのですが、おちおち眠れないという不安もあります。いつ首を切られるかわからない（笑）。

それでも毎日新しい、創造的破壊をやっていますから、やはり興味があります。

――シーザーに仕えてみたい

しばしば偉大なリーダーは富士山に例えられます。「遠くから見ているとキレイだが、近くは生々しい」。

普通の人ではありませんから近くの人は大変だという、陳腐ですが有名な言い伝えです。

そんな中、古代ローマのシーザーは、仕えてみたいリーダーだったと言います。その主な原因は、**「機嫌のいいリーダー」**だった。これは、渡辺昇一氏が書いています（「歴史に学ぶリーダーの研究」、致知出版社）。

引用しますね。

「若いときのシーザーはどんな人だったのかというと、これが非常に重要なことなのですが、まず『機嫌のいい人』だった。終生、機嫌がいい人で、『叱るけれども怒ることはない』と言われています。たくさんの兵隊を使いますから、『だめではないか』と叱ることはあります。しかし怒ることはない。機嫌はいつも上々。」（本書より）

シーザーの伝記を読んだ偉い人ですが、「この人に仕えたい」と言ったそうです。

そうですよね。ヒトラーなんか、しかめ面の写真しかありませんものね。

――布団をかぶって誰とも会わない

機嫌のいいリーダー、私もリーダーの端くれですからなるほどなーと思いますね。とても参考になります。

リーダーは、躁鬱質が多いでしょうね。

たまには粘着気質のリーダーがいます。ホントにその人は天才的です。

私も躁鬱の気があります。大いにあります（笑）。ですから、ウツの時どうするか？

私が心がけていること。単純です。ウツの時、できるだけ人と会わない。布団をかぶって寝るのが理想ですが、なかなかねー（笑）。

――民主独裁型？

これからのリーダーは、「独裁力」が不可欠と言います。組織をまとめて、意思決定し、実行できるには独裁的な力がいるからです。

しかし、実行は一人ではできません。その意思決定にできるだけ多くの人を、参加させる方が実行力は上がります。その為には、「動員力」が必要です。

独裁力＋動員力、これからはこれが組織のキモだと言います。（「独裁力　ビジネスパーソンのための権力学入門」木谷哲夫著、ディスカヴァー・トゥエンティワン）

強いリーダーシップと動員力。なるほど独裁者は、側近政治を好みますがこれでは限界があります。

誰でも参加できる民主型の独裁者が、これからのリーダーのモデル？

Twitterとか、Facebookをこの手のリーダーはうまく使います。大前研一氏は、彼らをサイバーリーダーと呼んでいます。

でもソーシャルネットワークは諸刃の剣でもあるんですね。

意識・目的の共有

――トップの指示が、共有できているのだろうか？

トップの大きな資質の一つはコミュニケーション能力です。

経営のキモは、コミュニケーションですから、その能力がないとね（笑）。その点、最近はよくなったなと思うのは、どこの会社に行っても、「共有します」と言ってミーティングが始まることです。

「いいね！」と合いの手を入れる会社もあるとか（笑）。

でも自分を棚に上げて言うのもなんですが、トップの指示が共有できているか、私はとても疑問に思うんですよね。

――ホントに共有できているんだろうか？

私の欠点の一つは、人に伝えるのがとても下手なことです。

カミサンは、「あなたの言っていることは、なにを言っているかわからない」と、若い頃から今でものたまいます。

部下も私の指示に調子よく「わかりました」と、言います。

でも、時々「何を言ったか？」と問いますと、ほとんど私の言ったことと違うことを言います（笑）。

昔、「東北新幹線に乗れ」と言ったら、東海道新幹線に乗って名古屋に行った部下がいました。

――あの山本五十六だって共有できていなかった？

山本五十六も、伝達が下手だったといいます。孤高を好み、説明や説得が嫌いだったとか。要するに口が重かったそうです。

真珠湾奇襲の意図が幹部に伝わらず、部下との真の目的が共有できなかった。

戦後、部下の参謀が「長官の真意を理解していたら、戦い方が違った」と悔やんでいたそうです。

（「日本型リーダーはなぜ失敗するのか」半藤一利著、文藝春秋）

では、山本五十六の真意とは？　それは、前記の本を読んでください（笑）。

ホームランバッターか皇帝か

――外様社長の打率三割

「プロ経営者の7割は失敗する」（「文藝春秋」、二〇一四年一二月号）という記事がありました。でも私は打率三割ですから、しかもホームランバッターが多いようですので、これから日本でもこんな時代になるんではないか？　と思っています。

奇しくも、サントリー、資生堂が、社長を外部から招へいして、話題になっています。

そこで、創業家→外部社長のコースの業績を調べてみました。

●ミスミグループ

創業者の田口オーナーから、三枝匡氏への禅譲でした。二〇〇二年社長就任。二〇一四年退任までの業績です。

二〇〇〇年　売上六七八億円、経常利益七六億円

二〇一四年　売上一七三九億円、経常利益一八九億円

売上、利益とも、二・五倍に伸ばしました。

●カルビー

二〇〇九年に創業家から、松本ＣＥＯに替わっています。

二〇〇九年　売上一三七三億円　経常利益四四億円

二〇一四年　売上一九九九億円　経常利益二〇七億円

●ＬＩＸＩＬグループ

二〇一一年より、藤森社長就任。

二〇一〇年　売上九八二六億円　経常利益二七八億円

二〇一四年　売上一兆六二八六億円　経常利益七四九億円

特徴は、皆外資出身です。外部からの招へいは、実はオーナーだからできる決断なんですね。

──プーチンは皇帝？

国民を熱狂させる番組から読み解く、プーチン流「人心掌握術」（「クーリエ・ジャポン」二〇一四年一二月号）という記事がありました。

プーチンの人気は並外れたコミュニケーション能力にあると言います。例えば生番組に平気で四時間出演し、その間トイレにも立たず、メモも見ないで質問に答えるそうです。

その番組内では九〇の問いに回答し、発した単語の数は、約二万語弱と桁外れなコミュニケーション能力と書いていました。

そして、プーチン大統領のあこがれは、帝政ロシアの「強い皇帝」、ピョートル大帝とエカテリーナ二世だそうで、「強いロシア」の皇帝を意識した指導者だそうです。

──習近平もプーチンにあこがれ？

習近平もプーチンから長期政権、独裁の手法を学びたがっているそうです（同記事）。

またプーチンの本は中国でバカ売れだそうで、中国人も皇帝政治への郷愁があるとか？

大統領も経営者も、皇帝の時代？

リーダー度テストです。ぜひ試してください。

［あなたの性格］

●運はあるか？

1、ある　2、ない　3、普通

●タフか？

1、はい　2、いいえ　3、どちらでもない

●部下を信頼しているか？

1、はい　2、いいえ　3、普通

●決断力はあるか？

1、ある　2、ない　3、普通

●万能感はあるか?

1、ある　2、ない　3、普通

●時代を読み、時代に合わせられるか?

1、ある　2、ない　3、普通

●行動力はあるか?

1、ある　2、ない　3、普通

●巧遅より拙速

1、はい　2、いいえ　3、普通

●時には、非情になれるか

1、はい　2、いいえ　3、普通

●ワンマン度

1、ある　2、ない　3、普通

●働くのは好きか？

1、はい　2、いいえ　3、普通

●学生時代なにが得意だったか？

1、国語　2、数学　3、どちらでもない

●リーダーに最も必要な力はどれか？

1、書く力　2、聞く力　3、話す力

●権限委譲できるか？

1、はい　2、いいえ

●約束を守る

1、はい　2、いいえ　3、普通

●やり遂げる執念

1、ある　2、ない　3、どちらでもない

●こだわり

1、大局　2、細部　3、どちらでもない

●人材とは?

1、人財　2、人在　3、人罪

●変化とイノベーション

1、好き　2、嫌い　3、どちらでもない

●肝っ玉は？

1、胆力がある　2、気が弱い　3、どちらでもない

●有事のときリーダーはどこにいるべきか？

1、前線　2、本部　3、どちらでもない

●虚栄心は？

1、ある　2、ない　3、どちらでもない

●金銭感覚

1、気前がいい　2、ケチ　3、どちらでもない

●いつもの状態

1、うつ気味　2、絶えずハイ　3、絶えずご機嫌

●大事な先約があって、美人に食事を誘われた
1、先約優先　2、美人優先　3、相手次第

どれも正解はありません。
私の答え↓すべてが必要条件で十分条件ではない。

今ほどリーダーの資質と実行を問われる時代はない!
21世紀は知識社会。
差が無限大になる。

1＞0

巻末付録

箴言集

偉い人の「箴言」を以下に書いてみますね。

私のメモからの抜粋しました。出典が明確になっていないものもありますので、お許しください（質問ごとにまとめてみました）。

朝礼のネタとして利用していただければ幸甚です（笑）。


（敬称略）

◆運はあるか？

幸運によって得た君主権を維持するのは難しい

マキャヴェッリ

◆部下を信頼しているか？

信頼せよ、けれど検証せよ

ロナルド・レーガン

◆決断力はあるか？

決断には、正確な情報を

織田信長

◆万能感はあるか？

なんでもできると錯覚する

↓経営者が陥るワナ

↓成功体験より万能感のワナに陥る

成功を願うなら失敗を考慮せよ！

トップは、強いリーダーシップと同時に、謙虚さを兼ね備えなければならない

◆時代を読み、時代に合わせられるか？

大黒柱に車をつけよ

岡田屋（現イオングループ）の家訓

マクロで考え、ミクロで行動する

百歩先を見たら狂人と言われる
しかし足元だけ見ていたら、置いてきぼりを食らってしまう
従って、十歩先ぐらいを見るのが一番いい

平凡なトップは、総論を話し、優秀なトップは、各論を話す

長期的視野を持ち、大局的判断をせよ！

◆行動力はあるか？
トップは、もっとも重要なことに集中する

明日を見て、今日を行動する

小林一三

チャレンジしなくなったら、リーダーの資格なし
まず結論を出し「何をしなければいけないのか」を明確にする
そして、実行するためにリーダーシップを発揮する
いつまでに、どこに行くか分からないうちは、成果なんてあがらない

柳井正

経営者はもっと外に出よ！
「There's always more information out there」
「外にはもっと情報がある。」

すぐやる、かならずやる、できるまでやる！

永守重信

思慮深くないと成果が上がらず、実行しないと目的は達せられない
有利と見たら進み、不利と見たら退く

百里を行くものは九〇を半ばとす

最後のツメが大事

樋口武男

思い切り、割り切り、踏み切りの3つの「切り」が大事

樋口武男

知行合一（ちこうごういつ）

陽明学

【知行合一の意味】

「知識をつけることは、行動の始まりであり、行動することは知識を完成すること。行わなければ知っているとは言えない。知っていても行動しないのは知らないと一緒だ。知って、行動してこそ本当の知恵である」。

松下村塾で、短期間でなぜあんなに明治の偉人を輩出したかというと、「行動学」を教えたからだといいます。

◆巧遅より拙速

スピードこそ最大のサービス

樋口武男

とりあえずスピード、絶えず仕掛品、未完成品で走る
そして、休まない

死んだらたっぷり有給休暇が取れる
鈴木修

◆ワンマン度

有能なワンマン型∨民主合議型

無能なトップは、ライバル会社より怖い

バカな上官、敵より怖い

人の偉さには旬がある
ラ・ロシュフコー

魚と組織は頭から腐る

経営は、人間の性格と逆のことをやれば成功する

人間は自分第一である　↓　顧客第一

すぐいばりたがる　↓　謙虚

会社は社長で決まる

船井幸雄

◆働くのは好きですか？

人生の最大幸福は『職業の道楽化』にある。

本多静六

◆学生時代なにが得意だったか？　リーダーに最も必要な力はどれか？

数学より国語、書くより話す力

学生時代は、数学ができるヤツが一番稼げると思っていた、でも社会人になってから、一番稼げるのは国語ができるヤツだと確信しました

書くことよりも話すことの方がより大きな稼ぎに直結する

なぜかというと、話し言葉は、強く人の感情を動かすから。古今東西、それが宗教活動であれ、政治活動であれ、経済活動であれ、大勢を動かし、影響力をふるうリーダーになるためには、「話し方」が必須でした。

現場の意見を聞くことと分かり易いメッセージを発信すること

そして、数字で判断すること！

澤田貴司

形容詞を連発するな

「同じもの」と「同じようなもの」では全然違う

◆権限委譲できるか？

中小から大企業への絶対条件

部下への権限委譲が社長の自己実現への王道だ

◆ダメになる経営者の特徴
見栄っ張り、小さな成功の満足する
働かなくなる
権限を委譲できない
これが一番大事

安田隆夫

◆約束を守る
経営者の資質
1、オープンであること
2、公正であること
3、気持ちを伝えること
4、真実を告げること
5、一貫性を示すこと
6、約束を守ること
7、秘密を守ること

スティーブン・P・ロビンス

われわれの経験では、信義を守ることなど気にしなかった君主のほうが、偉大な事業を成し遂げていることを教えてくれる

マキャヴェッリ

◆やり遂げる執念

執念ある者は可能性から発想する

松下幸之助

「もう一回の執念」が成功を呼ぶ

不可能を可能にするのが社長

◆こだわり

経営者の仕事は大きいことを考えることと、小さなことを大切にすることだ

神は細部にやどる

私は細部を重視する。事業の成功を目指すならば、ビジネスにおけるすべての基本を遂行しなくてはいけない

レイ・クロック

◆人材とは？

トップのコミュニケーション能力は名前を覚えて名前で言えること

人材なくして売り上げなし

狙っている成長の大きさと、採用する人材の数は正比例する

藤田晋

経営とは、人を通じて達成する技なり

経営とは、平凡な人に非凡な仕事をさせる技なり

アメリカの格言

経営とは人を通じて達成する芸術である

愛情と言う言葉の反意語は、憎悪ではない、無関心である

マザー・テレサ

名社長は呼びつけにできない部下を持つ

トップは、従業員が能力を発揮できる環境を作る義務がある

Doing things through others

経営とは、「他人を通して自分（経営者）がしたいことを行うこと」だといいます。

経営力とは「従業員に持てる力以上の力を発揮させるということである」

宮内義彦

人は人にもまれて人になる

◆変化とイノベーション

われわれの値打ちは次回作で決まる

最高作品は？

ネクストワン

チャップリン

いいものできはったなーさあ今日からこの製品が売れんようになる新製品をすぐにつくってや

松下幸之助

業界リーダーになるには、次々と新機種を出し、自社製品を自ら時代遅れにすることだ

ルイス・プラット

彼はなにもつくらなかったのにすべてをつくった

（ジョン・スカリーがジョブズを評して）

「スティーブ・ジョブズ　人を動かす神」竹内一正著、経済界

売り上げが三倍になったら、すべてをぶっ壊す

柳井正

企業文化、風土を変えること。永遠に業務改善を続けさせることが大事だ

ルイス・ガースナー

行き詰まりを打破するには自分が変わるしかない

川野トモ

◆肝っ玉は？

知識・見識・胆識

胆識こそトップの素質

経営者は、常にノーサプライズ

徹底させる力、情報共有化させる力

◆有事のときリーダーはどこにいるべきか？

陣頭指揮を取れ！

徳川家康、前線に降りる。徳川家康は、関ヶ原（桃配山）で前線に出た

動くな！

復興において力を発揮したリーダーとして、一人挙げるなら、やはり保科正之ですね。四代将軍、家綱の時代に起きた明暦の大火（一六五七年）では江戸城本丸までが焼け落ちてしまった。その時、将軍輔弼（ほひつ）役の保科が直面したのが、上様にどこにいてもらうか、という問題でした。大老たちは拙宅へと申し出たが、保科は

「天下の将軍が城を見捨ててはなりません」

と反対して動かなかった。未曾有の災害時には、司令塔はみだりに動いてはならず、情報の流れや決断を一元化しなくてはならない、と保科は考えたのです。

◆虚栄心は？

君主はケチという評判を気にすべきではない

マキャヴェッリ

◆いつもの状態

絶えずご機嫌　シーザー

シーザーの伝記を読んだ高官→この人に仕えたかった（渡部昇一）

大事な先約があったが、美人に食事を誘われた

過去にそんな社長がいまして、結局会社が潰れました。

◆その他

エースとは、

どんな状態でも勝てる

シーズンを通して勝てる　前田健太

お客様は来て下さらないもの

お取引先は売って下さらないもの

銀行は貸して下さらないもの　伊藤雅俊

愚者は教えたがり、賢者は知りたがる
しかし、多くのアウトプットをしなければ賢者になれない
経営はすべて論理である、そして科学である……そして感性である
戦術ミスは取り返せる、戦略ミスは取り戻せない
戦略は大胆に、戦術は細心に、戦術はいくらあってもいい
戦略が正しければ戦術ミスは取り返せる
値づけは経営だ、値段は認識だ
たえず「目的は何か」を考える……手段を目的化するな

稲盛和夫

うまくいく経営とは「うまくいく経営などない」と思うことだ

過去は知の宝庫

◆マキャヴェッリ名言集

弱体な国家は、常に優柔不断である

人間にとって最高に名誉ある行為は、祖国のために役立つことである

ある人物を評価するに際して、最も簡単で確実な方法は、その人物がどのような人々と、付き合っているかを見ることである

天国へ行くのに最も有効な方法は地獄へ行く道を熟知することである

君主は、けちだという評判を恐れてはならない

他国が強くなるのを助ける国は自滅する

われわれの経験では、信義を守ることなど気にしなかった君主のほうが、偉大な事業を成し遂げていることを教えてくれる

賢明な人は偉大な人間を模倣すべき

◆ＢＣＧ流経営者育成論より
経営者の資質　科学的スキルとアート的スキルの両方持たなければならない
アート的スキルとは？
①強烈な意志
②勇気
③インサイト
④しつこさ
⑤ソフトな統率力

◆レイ・クロックのつぶやき
未熟でいるうちは成長できる。成熟した途端、腐敗が始まる
コップも口も、滑らせると壊れてしまう
QSC&V（クオリティ、サービス、清潔度、バリュー）
ビジネスは、一人では成功しない
Be daring（勇気を持って）、Be first（誰よりも先に）、Be different（人と違ったことをする）

私は細部を重視する。事業の成功を目指すならば、ビジネスにおけるすべての基本を遂行しなくてはいけない

リスクのないところに成功はなく、したがって幸福もないのだ

何事も小さな仕事に分けてしまえば、特に難しくない

◆孫正義語録

知恵で勝負することが重要なのです

頭がちぎれるほど考えました

私以上に情熱を持っている人がいたら連れてきて下さい

慣習・形式・権威にとらわれないでチャレンジするそれがベンチャースピリッツです

惰性や偶然で人生を決めたくなかったんです

究極の自己満足は人に喜んでもらえることです

怒るのは自分の知恵の足りなさを認めるようなものです

一日二四時間しかないのが悔しい！

仕事の価値観の原点は病院で考えたことです（三年半闘病生活）

◆ジャック・ウェルチ語録

ビジネスは単純だ

必要以上に複雑にするな

現実を直視しろ

変化を恐れるな

官僚主義と戦え

部下の頭を活用しろ

境界をなくせ

最高のアイデアの持ち主を見つけ出せ、そしてそのアイデアを実行に移せ

◆鹿島守之助語録

第一条　「旧来の方法が一番いい」という考えを捨てよ

第二条　絶えず改良を試みよできないといわずにやってみよ

第三条　有能な指導者をつくれ

第四条　人をつくらぬ事業は亡ぶ

第五条　どうするかを研究せよ
第六条　本を読む時間をもて
第七条　給料は高くせよ
第八条　よく働かせる人たれ
第九条　賞罰を明らかにせよ
第一〇条　なるべく機械を使うこと
第一一条　部下の協力一致を計れ
第一二条　事業は大きさよりも釣り合いが肝心
第一三条　なによりもまず計画
第一四条　新しい考え、新しい方法の採用を怠るな
第一五条　一人よがりは事を損ず
第一六条　イエスマンに取り巻かるるなかれ
第一七条　欠陥は改良せよ
第一八条　人をうらまず突進せよ
第一九条　ムダを見付ける目をもて

第二〇条　仕事を道楽とせよ

◆番外

［私のリーダーの条件］

まず、見かけが八割

気力、体力が絶えず充実している演技をすること

［リーダーの条件の優先順位］

タフであること

　ストレス対応能力と執念

アバウト

　異論があるかもしれませんが、絶えず一〇〇点を目指す人はストレスで死んでしまう様な気がします。

　私的には、六〇点を出せれば合格と思っています。

決して満足を知らない

言い換えますと、絶えず目標に対して、不満足。

…そして、運！

これは何事にも勝る才能です。

【参考文献】（順不同）

「日経ビジネス」日経ＢＰ社
「日刊ゲンダイ」日刊現代
「週刊エコノミスト」毎日新聞社
「週刊新潮」新潮社
「週刊東洋経済」東洋経済新報社
「週刊ダイヤモンド」ダイヤモンド社
「実業界」実業界
「月刊総務」ウィズワークス
「文藝春秋」文藝春秋
「クーリエ・ジャポン」講談社
「地方消滅　東京一極集中が招く人口急減」増田寛也著、中央公論新社
「経営戦略の教科書」遠藤功著、光文社
「持株会社と日本経済」下谷政弘著、岩波書店

「独裁力　ビジネスパーソンのための権力学入門」木谷哲夫著、ディスカヴァー・トゥエンティワン
「日本型リーダーはなぜ失敗するのか」半藤一利著、文藝春秋
「歴史に学ぶリーダーの研究」、致知出版社
「経営意思決定の原点」清水勝彦著、日経ＢＰ社
「榊原英資の成熟戦略」榊原英資著、東洋経済新報社

〈著者プロフィール〉
本郷 孔洋 （ほんごう よしひろ）
公認会計士・税理士

国内最大規模を誇る税理士法人の理事長。総勢1000名のスタッフを率いる経営者。会計の専門家として会計税務に携わって30余年。各界の経営者・起業家・著名人との交流を持つ。早稲田大学第一政経学部を卒業後、公認会計士となる。東京大学講師、東京理科大学講師、神奈川大学中小企業経営経理研究所客員教授を歴任。

「税務から離れるな、税務にこだわるな」をモットーに、自身の強みである専門知識、執筆力、話術を活かし、税務・経営戦略などの分野で精力的に執筆活動をしている。「経営書から学んだ経営」（東峰書房）ほか著書多数。

本郷孔洋の経営ノート2015
～3年で勝負が決まる！～

2015年3月18日　初版第1刷発行
2015年8月26日　初版第2刷発行

著者　本郷孔洋
発行者　鏡渕 敬
発行所　株式会社 東峰書房
〒102-0074 東京都千代田区九段南4-2-12
電話　03-3261-3136　FAX　03-3261-3185
http：//tohoshobo.jp/
装幀・デザイン　小谷中一愛
印刷・製本　㈱シナノパブリッシングプレス

ISBN 978-4-88592-166-7　C0034